꼬불꼬불나라의
원자력이야기

에듀텔링 006
꼬불꼬불나라의 원자력이야기

초판 1쇄 인쇄 | 2015년 6월 20일
초판 1쇄 발행 | 2015년 6월 24일

지은이 | 서해경
그린이 | 김용길
펴낸이 | 나힘찬

마케팅총괄 | 고대룡
책임편집 | 김영주
책임디자인 | 고문화
사진제공 | 뉴시스
인쇄총괄 | 김상훈(야진북스)
유통총괄 | 북패스

펴낸곳 | 풀빛미디어
등록 | 1998년 1월 12일 제13호-518호
주소 | 서울시 마포구 월드컵로 65 양경회관 306호
전화 | 02-733-0210
팩스 | 02-6455-2026
전자우편 | sightman@naver.com
이벤트블로그 | blog.naver.com/pulbitmedia

ⓒ 서해경, 2015

ISBN 978-89-6734-078-0 74300
ISBN 978-89-88135-74-7 (세트)

저작권법에 따라 보호받는 저작물이므로 무단 전재와 복제를 금합니다.
책값은 뒤표지에 있습니다.
파본은 구매하신 서점에서 바꾸어 드립니다.

「이 도서의 국립중앙도서관 출판예정도서목록(CIP)은 서지정보유통지원시스템 홈페이지(http://seoji.nl.go.kr)와 국가자료공동목록시스템(http://www.nl.go.kr/kolisnet)에서 이용하실 수 있습니다.(CIP제어번호: CIP2015016000)」

머리말

이 책을 읽는 어린이에게

 어느 먼 곳에 꼬불꼬불나라가 있어요. 팔자수염을 멋있게 기른 수염왕이 다스리던 나라예요. 그런데 수염왕은 제멋대로 나라를 다스리다, 국민에게 쫓겨나고 말았어요. 그 뒤, 수염왕은 많은 일을 겪었어요. 꼬불꼬불면을 만들어 팔아서 아주 큰 부자가 되고, 또 법을 어겨서 벌도 받았지요. 무지개 복지관에서는 개구쟁이 친구들과 함께 지내면서 다른 사람에게 '관심'을 가지면 행복해진다는 것도 깨달아요. 또 온난화 여사와 함께 꼬불꼬불나라의 환경을 보호하고, 행복의 꽃을 찾아 전국을 여행하기도 했어요.
 이렇게 다양한 사고를 일으키고, 힘든 사건에 휩싸이면서도 열심히 바쁘게 산 수염왕, 요즘은 어떻게 지내고 있을까요? 음, 행복의 꽃이 없어도 요즘 수염왕은 매일매일 행복하대요. 보기만 해도 즐거운 온난화 여사와 함께 점심을 먹고, 왕수염 회사 일도 술

술 잘 풀리거든요.

하지만 우리 이야기의 주인공, 수염왕이잖아요? 역시나 이번에도 큰 사건이 수염왕을 찾아옵니다. 아무리 수염왕이라지만 도저히 해결할 수가 없을 만큼 큰 사건이지요.

《꼬불꼬불나라의 환경이야기》에서 이웃나라의 원자력발전소가 폭발했지요? 그 사고의 영향이 수염왕을 덮쳐요. 수염왕과 왕수염 회사는 억울한 누명을 쓰고 망할 지경이 되었어요. 수염왕이 억울하고 분해서 쓰러지기 직전, 꼬불꼬불나라의 에너지부 사람들이 찾아옵니다.

그들은 수염왕에게 두 가지를 제안해요. 그리고 수염왕이 자신들의 제안을 받아들이면, 왕수염 회사를 도와줄 수 있다고 하지요.

　　수염왕은 고민에 빠졌어요. 마음 같아서는 당장 에너지부 사람의 제안을 받아들이고 왕수염 회사를 지키고 싶지만, 마음 한구석에서는 불안했지요. 원자력발전에 대해 잘 모르지만 막연히 원자력발전과 원자폭탄이 함께 떠오르며 두려워지지요. 특히나 원자력발전에 반대하는 온난화 여사를 생각하면 더욱 고민이었어요. 하필 온난화 여사가 환경운동을 위해 멀리 떠난 뒤라, 함께 상의할 사람도 없고요.

　　원자력발전. 수염왕은 고민만 하는 대신에 원자력발전에 대해 배우기로 해요. 그리고 어려운 결정을 하지요. 우리도 수염왕과 함께 원자력에 대해 알아봐요. 원자력이 정말 원자폭탄처럼 무섭고 위험한 것인지, 아니면 안전하게 전기에너지를 만들어 주는 고마운 것인지.

　　자, 지금부터 우리도 수염왕과 함께 힘센 원자력의 세계로 떠나 볼까요?

서해경

♥ 이번 책부터 김용길 선생님이 수염왕 이야기를 그려 주셨습니다. 수염왕 이야기를 더욱 재밌고 알차게 만들어 주셨어요. 감사합니다.
♥ 그동안 수염왕과 함께 했던 정우열 선생님. 개성 만점, 심술쟁이지만 귀여운 수염왕은 선생님 덕분입니다. 고맙습니다.

목차

이 책을 읽는 어린이에게 … 4
등장인물 … 10
프롤로그 … 12

1/ 켁켁, 목 아파 … 19
–대기오염
〈부록1〉 에너지, 너 누구야?

2/ 꼬불꼬불면이 방사능에 오염되었다고? … 45
–원자란?
〈부록2〉 원소 주기율표

3/ 원자력과 방사능이 무슨 상관이야? … 65
–원자력과 우라늄
〈부록3〉 원자력발전소와 화력발전소는 무엇이 다를까요?

4/ 위기에 빠진 수염왕 … 81
–원자력발전소와 지역이기주의

5/ 수염왕이 제안받다   99
    −원자력발전의 장점
    〈부록4〉 에너지자원은 앞으로 얼마나 남았을까요?

6/ 절대 반대! 절대 찬성!   119
    −방사능이란?

7/ 비상! 비상! 원자력발전소가 위험하다   139
    −원자력발전소 사고

8/ 단 한 번도 너무 많아!   161
    −후쿠시마 원자력발전소 사고, 대체에너지

등장인물

꼬불꼬불나라

✤ 먼 옛날, 또는 가까운 옛날에 있었던 어느 나라. 수염왕은 이 나라의 왕이었다. 국민이 제멋대로 정치하던 수염왕을 내쫓고 이 나라에 큰 변화가 닥쳐온다.

수염왕

✤ 꼬불꼬불나라의 마지막 왕. 민주주의를 원하는 국민에게 쫓겨났다. 열심히 일해서 꼬불꼬불나라에서 가장 큰 식품회사 왕수염사의 사장이 되었다. 환경운동가인 온난화여사를 좋아한다.

세바스찬

✤ 수염왕의 충실한 개. 수염왕이 감옥에 갔을 때도 수염왕을 꿋꿋이 기다렸다. 수염왕의 유일한 가족이라 할 수 있다.

온난화 여사

✤ 환경운동가. 수염왕의 비서. 성실해의 이모다. 수염왕을 이길 수 있는 유일한 사람. 수염왕에게 환경 센터를 짓게 하고 환경운동에 참여하게 한다.

이탄소 군

✻ 환경운동가. 온난화 여사와 함께 환경운동을 하며 수염왕을 알게 된다. 온난화 여사를 대신해 환경 센터를 지키고, 수염왕 등에게 원자력에 대해 알려준다.

오꼼꼼 이사

✻ 왕수염 회사의 이사. 꼼꼼하고 소심해서, 모든 일을 늘 꼼꼼하게 확인하고 조심한다. 하지만 소신을 굽히지 않는 고집과 직원을 위해 희생하는 모습도 있다.

일잘해 부장

✻ 왕수염 회사의 부장. 성실하고 업무 능력도 높다. 하지만 융통성이 부족하다. 정부가 하는 일은 무조건 옳다고 믿는다.

태평해 부장

✻ 왕수염 회사의 부장. 꼬불꼬불면의 재료를 담당한다. 늘 태평해서 실수를 할 때도 잦지만, 주위 사람들의 마음을 편하게 해준다.

전력중 부장과 수력발 차장

✻ 꼬불꼬불나라의 에너지부 직원. 원자력발전소를 짓는 임무를 담당한다. 곤란에 빠진 수염왕을 찾아온다.

프롤로그

뻐꾹!

"이제 가세요. 1시네요."

온난화 여사가 자리에서 일어나며 말했어.

"엥? 벌써?"

수염왕은 벽에 걸린 뻐꾸기시계를 슬쩍 보았어.

그 시계는 온난화 여사가 환경 센터를 열 때, 수염왕이 선물한 뻐꾸기시계야. 건전지를 사용하지 않고 손으로 직접 태엽을 감아서 움직이는 시계지.

'저 뻐꾸기는 지치지도 않나? 한 번쯤 고장이 날 법도 한데.'

수염왕은 속으로 투덜거렸어.

수염왕은 지난번에 행복을 주는 꽃을 찾으러 갔다가 기적마을에서 온난화 여사와 만났어. 함께 수염왕이 사는 중심마을로 돌아온

뒤에, 수염왕은 시간만 있으면 온난화 여사가 있는 초록마을 환경센터로 쌔앵~ 달려왔어. 점심을 먹으며 이야기를 나누는 이 시간이 너무나 행복했어.

그런데 참 이상한 건, 점심시간이 너무나 빨리 지나간다는 거야. 아무래도 저 뻐꾸기시계에 문제가 있는 것 같았지. 분명히 수염왕의 행복을 시기한 누군가가 시계태엽을 아주아주 많이 감아서 시곗바늘이 빨리 가는 것 같았어. 하지만 온난화 여사는 그럴 리가 없다는 거야. 분명히 점심시간 1시간이 지났다는 거지. 그러니 어서 돌아가라는 거야. 지금은 여름휴가라서 온종일 온난화 여사와 함께 있고 싶은데 말이야.

"그런데 말이오, 온난화 여사. 저번에 이웃 나라에서 원자력발전소가 폭발했잖소. 내가 가만히 생각해 보니, 우리 꼬불꼬불나라에도 그 영향이 미치지 않을까 싶은데 말이오. 어떤 영향이 있을 것 같소?"

수염왕은 조금이라도 더 온난화 여사와 함께 있고 싶어서, 온난화 여사가 가장 관심이 있어 하는 주제를 꺼냈어.

역시나 온난화 여사의 눈에서 번쩍 빛이 났지.

"물론 우리 나라에 엄청난 영향을 줄 것입니다. 오! 아주 심각한

문제가 생길 거예요. 하지만 지금은 점심시간이 끝났으니, 수염왕 씨는 돌아가세요, 얼른!"

"쳇!"

수염왕은 온난화 여사가 야속했지만 어쩔 수 없었어. 그저 수염왕 곁에서 잠이 든 세바스찬을 깨워서 집으로 돌아갈 수밖에.

"어휴, 왜 이렇게 하늘이 뿌옇지?"

수염왕이 주위를 둘러보니, 거리가 온통 회색 안개에 둘러싸인 듯했어.

수염왕이 1시간이나 열심히 자전거 페달을 밟아 집으로 돌아오는 길에, 휴대전화의 문자 메시지가 도착했다는 알림 음이 '띵동' 울렸어. 문자 메시지를 확인하니, 온난화 여사가 보낸 메시지였지. 문자는 아주 간단했어. 하지만 수염왕은 가슴이 벌렁벌렁 떨렸어. 처음으로 받아 본 온난화 여사의 문자 메시지가 사랑의 편지처럼 설렜지.

수염왕 씨, 아까 질문하신 원자력발전소에 대한 내용은 저희 환경 센터 홈페이지에서 확인하세요.

수염왕은 집에 도착하자마자, 씻지도 않고 컴퓨터 앞으로 달려갔어.

"당장 원자력발전소에 관한 내용을 찾아야 해. 우리 온난화 여사가 러브레터, 아니 문자 메시지를 보내 주었잖아."

초록마을 환경 센터의 홈페이지에는 이웃 나라의 원자력발전소가 폭발한 이유와 그 영향을 설명한 온난화 여사의 동영상 강의가 있었어.

'오, 온난화 여사, 당신의 열정적인 모습은 참으로 멋지오. 어쩜 목소리조차 이렇게 또랑또랑할 수가……. 아는 것도 정말 많구려. 내게 온난화 여사는, 그리스 신화의 아테네 여신과 같소.'

그때 또 한 번의 '띵동' 하는 소리와 함께 문자 메시지가 도착했어. 역시나 온난화 여사가 보낸 거였지.

수염왕 씨, 강의는 잘 듣고 있나요? 다음에 만나면 내가 강의 내용을 물어볼 테니, 잘 듣도록 해요.

수염왕은 문자 메시지를 확인하자마자, 스피커 소리를 잘 들리게 하고는 강의 내용에 집중했어. 그리고는 곧바로 세바스찬에게

자신이 배운 내용을 가르쳐 주었지.

"세바스찬, 이웃 나라의 원자력발전소가 폭발한 원인은 말이다, 지진 때문이란다. 원자력을 이용해서 발전소를 지어서 전기를 만드는 것 자체가 처음부터 위험 요소를 안고 있대. 음, 이건 무슨 소린지 좀 어려우니까, 패스! 크크크, 온난화 여사가 강의하다 또 흥분하는구나. 참 이상해, 난 온난화 여사가 화를 내도 예뻐 보이고, 밥을 먹을 때도 예뻐 보이고, 이렇게 열정적으로 강의할 때도 무지 예뻐 보이거든."

수염왕은 늘어지게 하품하는 세바스찬의 귀를 슥슥 긁어 주며, 온난화 여사의 강의에 다시 집중, 아니 온난화 여사에게 집중했어.

"아휴, 나 죽네. 숨을 못 쉬겠어. 으윽, 숨이 막힌다, 숨이 막혀."

수염왕이 두 손으로 목을 감싸며 말했어. 하지만 말을 했다기보다는 목에서 쉬익 쉬이익 하는 소리가 나는 것 같았어. 어제까지만 해도 큰북처럼 회사 직원들에게 쩌렁쩌렁 소리를 지르며 다녔는데, 오늘 아침에 갑자기 숨을 쉬기도 어렵고 목소리도 나오지 않는 거야. 목 안이 부었는지 아침밥을 삼키는 것도 힘들었어. 세바스찬에게 말을 하려고 해도 목소리가 안 나왔지.

"급성 기관지염입니다."

의사가 말했어. 의사 뒤 벽에는 사람의 호흡기관을 자세히 그린 그림이 붙어 있었어. 코와 입으로 들어온 공기가 지나가는 기도,

기도가 연결된 폐가 그려져 있어. 붉고 커다란 폐는 오른쪽, 왼쪽에 한 쌍이 마주보고 있어.

"급성 기관지염이라고? 내 목을 좀 자세히 보고 말하라고. 나, 오늘 아침에 죽는 줄 알았다니까. 숨도 못 쉬겠고 밥도 못 먹겠더라고. 숨을 못 쉬면 죽잖아. 밥을 못 먹어도 죽는 거고. 그렇지, 의사 양반? 그러니까 내가 죽을병에 걸린 거잖아."

수염왕은 의심스러운 눈길로 의사를 바라봤어. 오늘 아침에 수염왕은 분명히 죽을 것 같은 공포를 느꼈거든. 그런데 겨우 급성 기관지염이라니, 뭔가 의심스러웠지,

'혹시 죽을병에 걸렸다고 하면, 내가 충격을 받을까 봐 일부러 하찮은 병명을 말하는 것 아닐까? 내가 병실 문을 나서는 순간, 내 가족들에게 내가 죽을병에 걸렸다고 말해 주는 거지. 환자에게는 비밀이라고 말하면서 말이야.'

그런 생각이 들자, 수염왕은 갑자기 울고 싶어졌어. 당장 내일이라도 죽는 것이 아닐까 두려웠지. 하지만 그것보다 더 마음 아픈 것은 수염왕에게는 가족이 없다는 거야. 내가 죽을병에 걸렸다는 것을 알려줄 가족도 없는데, 이 의사는 왜 이러는 걸까? 그냥 죽을병에 걸렸다고 말하면 나, 수염왕은 다 받아들일 수 있는데

말이야.

내가 어떤 사람인가! 이 나라의 왕자로 태어나 민주주의를 원하는 국민들에게 쫓겨나기 전까지는 이 나라를 다스리던 왕이었고, 지금은 이 나라에서 가장 큰 식품 회사 사장이 아니던가? 그뿐인가. 무지개 사회복지관에서 인권 교육도 잘 받았고, 온난화 여사를 위해, 아니 지구의 자연보호를 위해서 공장을 지을 내 땅에 환경 센터를 지은 사람 아니던가. 여기까지 생각하자, 수염왕의 작은 두 눈에서 솟아난 눈물이 살찐 두 볼을 또르르 타고 흘러 팔자수염에 맺혔어.

'참, 내 인생도 파란만장하구먼. 내가 살면서 겪은 일을 어린이가 읽는 위인전으로 쓰면 대충 10권은 나올 거야.'

수염왕은 길게 숨을 내쉬었어.

"어제 무엇을 하셨습니까? 평소랑 다르게 한 일은 없으신가요?"

의사는 수염왕이 진찰실을 나가려고 하지 않자, 하는 수 없이 수염왕에게 다시 물었어.

"뭐, 특별히 한 일은 없는데……."

수염왕이 팔자수염에 맺힌 눈물을 손끝으로 톡 털어 내며 대답했어. 그러고는 어젯밤에 뭘 했는지를 곰곰이 떠올려 보았어.

어제 일잘해 부장의 부인이 갈비찜을 선물로 가져다주었어. 어찌나 맛이 있는지, 세바스찬과 함께 10인분이나 먹었어. 참 행복했지. 조금씩 나오던 배는 어느덧 올챙이배처럼 빵빵해졌어. 그런데 마지막 갈비까지 다 먹고 나자 갑자기, 흠칫 몸서리가 쳐졌지. 온난화 여사가 떠올랐거든.

'아이쿠, 갈비에 눈이 멀어서 배가 터지도록 먹었네. 온난화 여사가 알면 분명히 내게 실망할 테지. 온난화 여사는 생명이 있는 동물을 먹는 것이 미안하다며 고기를 먹지 않는데……. 고기를 먹는 건 환경에도 좋지 않다고 했잖아. 그것뿐인가, 밥이랑 채소 반찬도 아주 조금만 먹는데 말이야. 그런데 나는 금붕어처럼 배가 터지도록 먹어 버렸네.'

수염왕은 먹은 흔적을 없애려고, 서둘러 설거지를 했어. 하지만 볼록 나온 배는 꺼질 줄을 몰랐지.

'온난화 여사가 내 올챙이배를 싫어하지는 않을까?'

결국 수염왕은 나가지 않으려고 뒷발로 버티는 세바스찬을 억지로 끌어내서 함께 운동하러 집을 나섰어.

"배가 쏙 들어가게 걸어 보자꾸나, 세바스찬."

수염왕은 운동화 끈을 단단히 조이며 결의에 차서 말했어. 막상

밖에 나오자 세바스찬도 신나는지 축 늘어진 귀를 펄럭이며 힘껏 달렸어.

수염왕도 세바스찬의 뒤를 따라 걸었어. 평소보다 조금 더 빨리 걸었지. 10분, 20분……, 1시간, 2시간……. 해가 하늘에 떠 있을 때부터 걸었는데 어느새 어둑어둑해지더니, 노란 보름달이 둥실 머리 위에 떠 있었어.

"쩝, 어제는 보름달이 잘 익은 참외처럼 샛노랗더라고. 어찌나 곱고 귀여운지."

병원 진찰실 의자에 앉아, 수염왕은 어제 본 달을 떠올리며 입맛을 다셨어. 어제 본 보름달은 온난화 여사와 함께 보고 싶은, 참 귀엽고 복스러운 둥근달이었거든.

"달이 노랗게 보이는 것은 공기가 깨끗하지 않다는 증거입니다. 공기가 맑은 날은 달이 하얗게 보이지요."

"진짜? 난 노란 달이 더 예쁜데……."

"요즘은 황사와 미세먼지, 스모그가 아주 심해요. 하늘이 회색빛이지요. 특히 어제는 기상청에서 대기오염이 심하니 외출을 자제하라고 방송까지 했는데, 하필 어제 오랫동안 밖에서 운동을 하셨으니……. 아마 오염 물질을 많이 들이마셔서 기관지에 염증이 생긴 것 같습니다."

"뭐, 내가 이렇게 아픈 게 운동을 했기 때문이라고? 진짜? 운동을 하면 건강해진다는 것은 어린아이도 다 아는 국민 상식인데, 내가 운동을 해서 목이 아프단 말이야?"

"맞습니다. 운동을 하면 건강해지죠. 하지만 공기가 아주 더러울 때는 되도록 집에 계시고, 밖에 나갈 때는 마스크 같은 것으로

호흡기를 보호하셔야 합니다."

"나는 환경 센터까지 세워서 자연을 지키는데, 어떤 인간들이 공기를 이렇게 더럽게 만든 거야? 하긴, 요즘엔 내가 어렸을 때보다 더 더워졌어. 우리 나라는 봄·여름·가을·겨울 4계절이 있었는데 언제부턴가 봄, 가을은 짧아지고 여름은 엄청나게 덥고 길어졌잖아. 봄에 눈이 오질 않나, 바닷물이 따뜻해지지를 않나. 이게 다 환경이 얼마나 중요한지 모르는 사람들 탓이야. 내가 그 사람들을 다 혼내 줘야겠어."

"하하하. 그렇게 하십시오. 그런데 그러려면 전 세계 사람을 다 혼내야 할지도 모르겠습니다."

"뭐? 전 세계 사람을 다 혼내야 한다고?"

"그렇습니다. 공기를 오염시키는 제일 큰 원인은 화석연료를 많이 사용하기 때문입니다. 우리는 화석연료에서 가장 많은 에너지를 얻고 있으니까요."

"화석연료라면 석탄이나 석유 같은 거?"

"네. 우리는 화석연료를 태워서 사용하죠. 석유를 태우고, 석탄을 태우고. 그런데 화석연료를 태우면 몸에 해로운 물질이 나오거든요."

"그럼 화석연료를 안 쓰면 되잖아."

"오늘 병원에는 어떻게 오셨습니까?"

"차를 타고 왔지."

"차는 석유를 태워서 움직이죠."

"난 자전거도 많이 이용해."

"훌륭하십니다. 하지만 자전거를 만들 때는 화석연료로 금속을 녹여서 만들죠. 손잡이와 바퀴는 석유로 만들고요."

"오오~, 화석연료는 여기저기에 많이도 쓰이는구나. 그러니 공기가 오염될 수밖에."

수염왕은 아픈 목을 쓰다듬으며 중얼거렸어.

수염왕이 급성 기관지염에 걸린 이유가 대기오염 때문이래요. 대기오염이 뭐예요?

대기는 공기를 말해. 그러니 대기오염이란 공기가 지저분해졌다는 말이지. 공기를 지저분하게 만드는 오염 물질은 주로 석유, 석탄, 천연가스 등의 화석연료(아주 오래전에 죽은 동식물이 땅속에 묻혀 만들어진 연료)를 태울 때 만들어져. 예를 들어 볼까?

차가 움직이려면 석유가 필요하지? 차는 석유를 태워서 나오는 에너지로 움직이잖아. 그런데 석유는 타면서 일산화탄소, 아황산가스, 탄화수소, 매연 같은 오염 물질을 내보내. 차가 움직일 때 차 뒤에 있는 배기구에서 냄새가 나는 검거나 하얀 연기가 나오잖아. 그 연기가 공기를 오염시키는 거야. 그리고 집을 따뜻하게 할 때도 화석연료를 태우고 이때도 자동차와 마찬가지로 오염 물질이 나와. 음식을 만들고 데우는 가스레인지도 가스를 태우는 거잖아. 그래서 가스레인지를 사용할 때도 공기를 오염시키는 물질이 나오지.

화석연료를 태울 때뿐 아니라, 공장에서 물건을 만들 때, 건물 등을 짓는 공사를 할 때도 몸에 해로운 물질과 매연 같은 오염 물질이 나와. 이런 오염 물질은 동물과 식물뿐 아니라 건물 등에도 매우 해로워. 여기

공장에서 제품을 만들 때

가스레인지를 쓸 때

건축할 때

자동차를 타고 이동할 때

공기가 더럽혀지는 여러 상황

서는 사람에게 어떤 해를 끼치는지를 같이 알아보자.

오염된 공기를 마시면, 코와 목, 폐에 문제가 생겨. 목이 붓고 기침이 나고 염증이 생기지. 눈이 따갑고 기분도 나빠져. 평소보다 더 피곤하다고 느끼기도 하지. 가끔 하늘을 올려다보면, 하늘이 맑은 파란색이 아니라 뿌연 회색으로 보일 때가 있지? 이건 스모그 때문이야.

스모그(smog)는 연기(smoke)와 안개(fog)를 합친 말인데, 연기가 안개처럼 사방에 퍼져 있는 상태를 말해. 1952년 겨울, 영국의 런던에서는 석탄을 많이 사용했어. 석탄에서 나온 해로운 연기가 안개와 함께 공기 중에 가득했지. 그 연기 속에 아황산가스가 섞여 있었는데 그 오염된 공기를 마시고 1만 2,000여 명이 목숨을 잃었어. 런던 스모그는 석탄에서 나온 연기라 검은색이었어.

　미국 로스앤젤레스에서 생긴 스모그 사건도 있어. 로스앤젤레스는 자동차에서 내뿜은 배기가스 때문에 사람들은 눈이 따갑고 목이 부어서 숨쉬기가 어려웠어. 자동차는 석유를 태워서 달리는데, 석유는 타면서 질소산화물과 탄화수소 등이 나와. 이 연기가 안개와 섞여서 황갈색 스모그가 된 거지.

　우리나라는 런던 스모그와 로스앤젤레스 스모그가 다 생겼지만, 점점 석탄을 사용하지 않으면서 로스앤젤레스 스모그가 주로 생기고 있어.

앞 이야기에서, 꼬불꼬불나라는 우리나라처럼 봄·여름·가을·겨울이 있다고 했잖아요. 그런데 봄, 가을은 짧아지고 여름은 엄청나게 덥고 길어졌다고요. 우리나라도 비슷하다고 들었어요. 그 이유가 뭔가요?

와, 훌륭하다. 꼬불꼬불나라의 이야기를 읽고 우리나라의 상황을 떠올리다니. 그래, 우리나라와 꼬불꼬불나라는 4계절이 있어. 그런데 여름은 더 길고 더워지고 겨울은 더 길고 추워졌지. 봄, 가을은 짧아지고 말이야. 그 이유는 지구온난화가 가장 큰 원인이야. 온난화는 《꼬불꼬불나라의 환경》에서도 나왔지만, 지구가 따뜻해진다는 뜻이지.

지구가 따뜻해지는 원인은 온실가스가 점점 많아지기 때문이야. 눈에 보이지는 않지만 우리 주위에는 공기가 있지? 그래서 우리가 숨을 쉴 수 있잖아. 온실가스는 공기 속에 포함된 가스들이야. 그리고 온실가스는 지구에 사는 생물을 위해 중요한 일을 하고 있어.

태양은 끊임없이 지구에 빛과 열을 보내주고 있어. 지구에 사는 모든 생물체는 태양이 없다면 살 수 없을 거야. 그런데 태양에서 나오는 열을 지구에서 받듯이, 지구도 태양에서 받은 열을 우주로 다시 되돌려 보내거든. 그런데 태양에서 받은 열을 그대로 다 지구 밖으로 보내 버리면 지구는 추워질 거야.

그런데 온실가스는 지구가 우주로 내보내려는 열을 적당히 품고 있어서, 지구의 모든 열이 우주로 다 나가는 것을 막아 주지. 마치 온실에서 식물이 따뜻하게 잘 보호받으며 살듯이, 지구는 온실가스 속에서 따뜻할 수 있는 거야. 지구의 평균온도는 15℃야. 그런데 만약 온실가스가 없다면, 지구의 평균온도는 영하 17℃로 낮아진다고 해. 그럼 지구에서 사는 생명체가 살기 어렵게 되지.

문제는 이 온실가스가 점점 많아진다는 거야. 온실가스가 많을수록 지구는 우주로 나가는 열을 더 많이 품게 되겠지? 다시 말하면 지구에서 우주로 나가는 열이 줄어드는 것이고, 그만큼 지구에는 더 많은 열이 남는 거지. 결국, 지구는 점점 더 더워지고 말이야. 이 현상을 지구온난화라고 하는 거야. 이런 온난화를 일으키는 온실가스는 이산화탄소와 메탄, 오존, 수증기 등이야.

그럼 온실가스는 왜 점점 많아지는 걸까? 그건 석탄, 석유, 천연가스 같은 화석연료를 많이 사용하기 때문이야. 화석연료를 태워서 전기를 만들고, 자동차와 비행기 등을 움직이게 하고 공장에서 물건을 만들지. 화석연료를 태우면 온실가스인 이산화탄소가 나오거든. 화석연료를 많이 쓸수록 온실가스인 이산화탄소는 더 많이 나오고, 온실가스가 점점 많아

지면 지구는 그만큼 더 더워지고.

  나무가 점점 줄어드는 것도 이산화탄소가 늘어나는 이유야. 나무는 이산화탄소를 마시고 대신 산소를 뿜어서, 이산화탄소를 줄여주는 역할을 해. 그런데 나무를 베고 그 자리에, 집을 짓고, 농사를 지을 농경지를 만들고, 가축을 키우는 목장이나 도로를 만들지.

  온난화는 북극, 남극의 빙하를 녹여서 바닷물이 더 높아지게 해. 그래서 낮은 섬은 지금도 점점 더 바닷속으로 가라앉고 있어. 빙하가 녹아서 북극곰이 살기 어려워진 것처럼 자기가 살던 곳의 온도가 갑자기 바뀌면, 바뀐 온도에 적응하지 못하는 동식물들도 생겨나지. 그리고 기생충

이나 병을 일으키는 세균도 많아져서 그 피해도 늘어나는 거야.

'환경' 책도 아닌데, 왜 온난화와 대기오염 같은 얘기를 하냐고? 그건 온난화, 대기오염이 이 책에서 다룰 '원자력'과 관계가 있기 때문이야. 어떤 관계가 있는지는 뒤에서 알아보자.

수염왕의 원자력 노트

공기가 더러워지는 가장 큰 이유는 화석연료를 사용하기 때문이다.
화석연료를 많이 쓰면 공기가 더러워지고 지구는 더워진다.
('지구온난화'라고? 감히 우리 온난화 여사와 이름이 같다니!
이름 바꿔! 지구의 온난화라는 말 대신, '짜증나'로.)

부록 1

에너지, 너 누구야?

에너지는 물체가 어떤 일을 할 수 있게 하는 능력이에요. 이렇게 설명을 하면 어렵지만 예를 들어서 알아보면 쉽답니다.

아주 오래전에는 사람들은 모든 일을 자신의 몸에서 나오는 힘으로 했어요. 어딘가에 갈 때는 두 다리로 직접 걸어갔고, 나무에 열린 열매도 직접 두 손으로 땄어요. 자기 몸만 이용해서 모든 것을 한 거예요. 다시 말하면, 몸에서 나오는 에너지를 사용했죠. 그러다 불을 이용하는 방법을 알게 되었어요. 불이 있으면 추운 날씨에도 따뜻하게 지낼 수 있고, 음식도 익혀서 먹을 수 있었어요. 그러다가 불이 꺼져서 사라지지 않게 하려면, 불에 나무를 넣어야 한다는 것을 알게 되죠. 사람은 불과 나무 에너지를 사용하게 된 거예요.

주변 사물을 이용하는 방법을 알게 되자, 이번엔 동물을 이용하

게 되었어요. 소, 말, 코끼리 등에 짐을 실어 나르고, 농사에도 이용했죠. 사람이 자신의 두 다리로 걷고 뛰는 대신 말, 당나귀 등의 동물을 타고 다녔죠. 점점 더 많은 사물에서 더 많은 에너지를 얻는 방법을 알게 되었어요.

그럼, 사람이 이용하는 에너지는 어떤 것이 있는지, 대표적인 에너지를 소개할게요.

● **사람 에너지:** 사람은 음식물을 먹어서 에너지를 만들어요. 사람이 움직이고 느끼고 생각하고 성장하는 것은 저절로 되는 것처럼 보여요. 하지만 에너지가 없으면 아무 것도 할 수 없지요. 사람이 사는 데는 에너지가 필요해요.

- **동물 에너지**: 소, 말, 낙타, 코끼리 등의 동물을 타고 다니고, 짐을 나르고, 농사를 지어요. 어떤 곳에서는 동물의 똥으로 불을 떼고 집을 짓기도 해요.

- **불 에너지**: 나무, 석탄, 석유 등에 불이 붙었을 때 나오는 에너지예요. 불에서 나오는 뜨거운 열을 이용해서 난방을 하고, 금

속을 녹여서 도구를 만들어요. 기계와 자동차, 배 등을 움직이게 하고, 석탄을 태워서 화력발전소에서 전기를 만들어요.

- **물 에너지:** 폭포처럼 높은 곳에서 물이 떨어지거나, 물이 빨리 흐르는 곳에서는 물에서 에너지를 얻을 수 있어요. 물로 물레방아를 돌려서 곡식을 빻고, 수력발전소를 지어서 전기를 만들어요.

- **파도(물결) 에너지:** 바닷물이 밀려오고 밀려나가는 것을 이용한 에너지예요. 밀물과 썰물의 높이가 다른 것을 이용해서 전기를 만들어요. 조력발전이라고도 해요.

● 바람 에너지: 공기가 움직이는 것을 바람이라고 해요. 바람을 이용해서 풍차를 돌려요. 풍차를 이용해서 방앗간에서는 곡식을 찧고, 풍력발전소에서는 전기를 만들어요. 돛에 바람을 실어서 배를 움직여요.

● **태양 에너지:** 태양은 계속 불타고 있어요. 그래서 태양 한가운데의 온도가 무려 2,000만 도나 되지요. 태양이 타면서 뿜어내는 열과 빛 에너지가 지구에 오면서 지구에 환한 낮이 생기고 또 날씨도 따뜻해지죠. 그뿐 아니라 태양에너지를 받아서 식물이 자라고, 사람 몸에 꼭 필요한 비타민D가 만들어져요.

● **석유 에너지:** 석유는 여기저기에 다양하게 사용해요. 플라스틱, 아스팔트도 석유로 만들고, 옷감이나 약도 만들어요. 석유를 태워서 자동차, 전차, 배, 비행기 등을 움직이고 화력발전소에서는 전기를 만들어요.

2.
꼬불꼬불면이
방사능에
오염되었다고?

- 원자란?

"온난화 여사에게 전화해서 내가 아프다고 말해야지. 온난화 여사가 분명히 걱정을 많이 하면서 맛있고 몸에 좋은 죽을 끓여 줄 거야. 병문안을 올지도 모르지, 크크크."

수염왕은 병원에서 회사로 돌아오자마자, 온난화 여사에게 아프다고 투정을 부리고 싶었어.

"온난화 여사님은 멸종 위기 동물을 조사하려고 어젯밤에 아프리카로 출발하셨습니다. 특히 마운틴고릴라를요."

이탄소 군이 온난화 여사 대신 전화를 받았어.《꼬불꼬불나라의 환경이야기》에서 온난화 여사, 수염왕과 함께 강에 폐수를 버리는 공장을 찾았던 청년 말이야. 고슴도치처럼 머리가 삐죽삐죽하게 난, 환경 보호에 앞장서는 청년이지.

"뭐, 떠났다고? 내, 내가 멀고 먼 아프리카에 사는 마운틴고릴

라보다 못해? 나도 아프다고, 아파!"

수염왕은 괜히 이탄소 군에게 짜증을 내며 전화를 끊었어. 온난화 여사에게 서운했어. 아니 온난화 여사가 보고 싶었지.

'온난화 여사, 나부터 고쳐 주고 아프리카에 갔어야지. 난 온난화 여사가 없으면 가슴이 터질 듯 답답하고 아프단 말이야. 내 병부터 고쳐 줘, 고쳐 달라고! 흑.'

수염왕은 하는 수 없이, 강의하는 온난화 여사의 동영상이라도 보려고 인터넷을 켰어. 인터넷에서 초록마을 환경 센터 홈페이지를 검색하려는데, 검색 사이트 화면에서 인기 검색어가 눈에 띄었어. 그런데 놀랍게도 인기 검색어 1위가 바로 '꼬불꼬불면'인 거야. 2위는 '방사성오염', 3위 '방사능꼬불꼬불면', 4위 '왕수염 회사', 5위 '방사능 피해', 6위 '이웃마을 원자력발전소 폭발', 7위 '방사성오염 식품의 피해', 8위 '수염왕 파렴치', 9위 '방사능오염 물질 수입', 10위 '꼬불꼬불면 불매 운동'인 거야.

"이게 뭐야? 이게 도대체 어떻게 된 거냐고?"

수염왕은 너무 놀라서 눈이 튀어나올 것 같았어. 인기 검색어가 모두 수염왕의 꼬불꼬불면과 방사성오염에 대한 거였으니까.

"이렇게 보니까 왠지 내 자랑, 꼬불꼬불면과 방사능이 무슨 관

련이라도 있는 것처럼 보이잖아?"

수염왕은 중얼거리며 인터넷에 뜬 기사 중 하나를 선택했어.

왕수염 회사, 소비자에게 방사능 폭탄을 쏘다

    소비자의 큰 사랑을 받고 있는 왕수염 사의 대표 식품인 꼬불꼬불면의 재료에서 방사능이 검출됐다는 소식이 인터넷을 통해 빠르게 확산되고 있다.

    이 사실은 대표적인 먹거리 인터넷카페 아또먹(아까 먹고 또 먹고)에 관련 글이 올라오면서 알려졌다. 닉네임 난반칙이라는 이 카페 회원이 꼬불꼬불면이 첨단국에서 수입한 재료를 사용한다며, 방사선에 오염된 재료라고 주장했다. 이웃 나라인 첨단국은 지난 6월 원자력발전소가 폭발해서 방사성물질이 유출되었다.

    본지 독점으로 왕수염 회사에 잠입 취재한 결과, 실제로 왕수염 회사는 원자력발전소가 폭발했던 첨단국에서 수입한 재료로 꼬불꼬불면을 만들고 있었다.

    아또먹와 인터넷 유저들은 왕수염 회사가 소비자의 사랑을 방사성오염 물질로 갚았다며 분노하고 있다. 아또먹 카페장

은 '최초로 아또먹에 이런 사실이 올라온 만큼, 꼬불꼬불면이 방사능에 오염된 재료를 사용했는지 아또먹이 진실을 밝히는 데 앞장서겠다.'고 나섰다.

또한 '왕수염 회사가 소비자들에게 원자폭탄을 쏜 것과 마찬가지'라며 분노했다. 이미 이 카페를 중심으로 왕수염 회사 제품의 불매운동이 거세다. 현재, 아또먹에는 경찰에 왕수염 회사를 고발해야 한다는 회원들의 글이 속속 올라오고 있다.

왕수염 회사의 꼬불꼬불면은 하루에 8,000개가 팔릴 정도로 국민 식품으로 자리 잡고 있다. 이에 따라 꼬불꼬불면에서 방사성물질이 검출된다면 그 영향은 상상을 초월할 것이다. 국민의 건강이 달린 문제인 만큼 정부의 신속한 대응이 필요하다. 정부 한 관계자는 '이번 정부에서 불량식품을 4대 사회악으로 규정하고 있는 만큼, 최대한 세밀하고 신속한 조사로 꼬불꼬불면에서 방사성물질이 조금이라도 검출되면 사정을 봐주지 않고 엄단할 것'이라고 밝혔다.

꼬불꼬불나라 역사상 최대, 최악의 식품 범죄로 남을지, 하나의 해프닝으로 끝이 날지 경찰 조사의 결과에 관심이 쏠리고 있다.

"이게 뭐야? 우리 꼬불꼬불면을 방사성오염 재료로 만들었다니, 말도 안 되는 소리!"

수염왕은 자리에서 벌떡 일어났어. 멋지게 꼬인 팔자수염이 쫙 펴지고 손이 부들부들 떨릴 만큼 소름이 돋고 분했어.

"성실해 비서, 당장, 당장 간부 회의를 소집해. 지금 당장 말이야!"

곧바로 긴급회의가 열렸어.

수염왕은 화가 치밀어서 의자에 앉아 있을 수도 없었지.

"이런 쓸모없는 사람들 같으니라고. 인터넷 기사는 봤어, 봤어, 봤느냐고? 우리 왕수염 회사에 대한 악의적인 헛소문이 돌고 있는데 그걸 아무도 막지 못했다는 게 말이 돼? 뭐, 방사능에 오염된 재료로 꼬불꼬불면을 만들었다고? 내가, 내가……?"

수염왕은 방방 뛰며 소리를 질렀어.

"그런 헛소문에 일일이 반응을 하는 것이 더 나쁠 수도 있어서 그냥 참고 있었습니다."

침착해 이사가 말했어.

"저는 언제, 첨단국에서 꼬불꼬불면을 만든 재료를 수입했는지 조사하고 있었습니다."

일잘해 부장이 심각한 표정으로 말했어.

"그래서 우리 꼬불꼬불면에서 몸에 나쁜 물질이 나왔다는 건가?"

"아직 모든 꼬불꼬불면을 검사해 보지 않아서 결론이 나지 않았지만, 제가 자재과에 확인한 결과, 첨단국에서 원자력발전소가 폭발한 이후에 꼬불꼬불면의 재료를 수입한 것은 사실입니다."

"그, 그럼 우리 꼬불꼬불면이 진짜로 몸에 해로운 식품이라는 거야? 그런 거야?"

"확실하진 않지만, 그럴 수 있습니다."

일잘해 부장의 대답에 수염왕은 털썩 자리에 주저앉고 말았어. 팔자수염도 축 늘어졌어. 수염왕은 방사능이 뭔지는 관심도 없었어. 그게 뭐 어떻다는 거야? 옆 나라 일까지 어떻게 신경을 쓰냐고? 하지만 꼬불꼬불면이 건강에 해로운 물질로 만들어졌다면, 그 일만은 참을 수 없었지.

"원자력발전소가 폭발했다고 해서 첨단국의 모든 식품이 방사능에 오염됐을 리 있습니까? 너무 염려하지 마십시오."

자재과의 태평해 부장이 말했어.

"그, 그럴까?"

수염왕의 얼굴이 다시 환해졌어. 팔자수염도 다시 위로 꼿꼿이 올라갔어.

"원자력발전소가 폭발하면 당연히 방사성물질이 나올 수 있지요."

오꼼꼼 이사가 말했어. 코끝에 동그란 작은 안경이 떨어질듯 말듯 걸려 있었지.

"그, 그래?"

수염왕이 실망해서 말했어. 팔자수염이 다시 축 늘어졌지.

"원자력발전소가 원자폭탄도 아니고, 발전소가 좀 문제가 생길 수도 있고 그런 거지, 뭘 그렇게 놀라고 겁을 내십니까? 그리고 우리 공장에서는 모든 재료를 깨끗하게 씻으니까 괜찮습니다, 깨끗하다고요."

"태평해 부장이 이렇게 태평하니 문제인 겁니다. 그러니까 애초에 몸에 해로울 수 있는 재료는 아무것도 사지 말았어야지요, 그렇죠? 그리고 이미 산 재료도 방사능처럼 해로운 물질에 오염이 되었는지 아닌지 확실히 확인해야 할 것 아닙니까, 그렇죠? 제 말이 맞죠, 그렇죠?"

오꼼꼼 이사가 태평해 부장을 나무랐어.

52

"다들 시끄럽네. 얼른 이 문제를 해결하라고. 내 꼬불꼬불면은 어떤 해로운 물질에도 오염이 되어서는 안 돼. 난 그것만은 용서 못 해!"

수염왕은 답답해서 가슴을 쳤어. 수염왕은 꼬불꼬불면에 대해 자부심이 대단했어. 왕의 가족만 먹던 꼬불꼬불면을 모든 사람이 먹게 한 것도 자신이었지. 그리고 직접 꼬불꼬불면을 만드는 방법을 연구한 것도 수염왕이었어. 안전하고 맛있는 먹거리를 판다는 자부심으로 수염왕은 허리를 쫙 펴고, 자신만만하게 살았거든.

수염왕과 직원들의 회의가 끝날 무렵, 밖이 소란스러워졌어.

"방사능에 오염된 식품을 만든 왕수염 회사는 사과하라!"

"소비자를 죽음으로 모는 왕수염 회사는 문을 닫아야 합니다."

소비자단체와 환경단체에서 수염왕의 왕수염 회사에 항의하러 온 거야.

"이런, 이런! 언제쯤이면 소비자단체와 환경단체에 항의받지 않게 될까? 흑!"

수염왕이 안절부절못하는데, '똑똑' 문을 두드리는 소리가 들리더니 성실해 비서가 살짝 고개를 내밀었어. 표정이 아주 어두웠지.

"사장님, 경찰이 왔어요. 사장님을 조사한다며, 같이 경찰서로 가야 한대요."

"또? 어이구."

수염왕이 경찰들과 함께 회사 밖으로 나오자, 시위하던 소비자단체와 환경단체, 일반 시민들이 구름같이 몰려들었어.

'소비자의 목숨보다 돈을 더 좋아하는 악덕 업주는 물러가라', '소비자의 사랑을 방사성오염 물질로 갚은 왕수염 회사'라고 적은 피켓을 들고 수염왕에게 야유를 퍼부었지.

수염왕이 경찰서에서 조사받는 동안, 꼬불꼬불면은 몽땅 반품되었고, 소비자들은 수염왕의 회사를 상대로 손해를 배상하라고 대규모 소송을 걸었어. 정부에서도 방사능에 오염된 식품으로 시민의 건강에 심각한 해를 끼쳤다며 수염왕과 책임자들을 엄하게 벌하겠다고 난리였지.

꼬불꼬불나라에서 제일 큰 식품 회사였던 수염왕의 왕수염 회사는 며칠 사이에 망할 지경이었어.

앞에서 왕수염 회사가 소비자들에게 원자폭탄을 쏜 것과 같다며, 분노하잖아요. 원자폭탄은 어떤 건가요?

원자폭탄을 처음 사용한 건, 제2차 세계대전 때였어. 제2차 세계대전은 독일, 이탈리아, 일본이 다른 나라들을 빼앗으려고 일으킨 전쟁이야. 전쟁은 1939년부터 1945년까지 계속되었어. 독일, 이탈리아, 일본은 유럽과 아시아, 아프리카에 속한 나라 대부분을 전쟁 속으로 몰아넣었지.

하지만 미국은 전쟁에 직접 참여하지 않고 있었어. 그런데 일본이 갑자기 미국의 영토인 하와이를 공격한 거야. 하와이를 공격당한 미국도 전쟁에 참여하게 되었지. 그런데 미국에는 전쟁을 피해서 유럽의 여러 나라에서 온 과학자가 많이 있었어. 그들은 전 세계를 상대로 전쟁을 시작한 독일이 원자폭탄을 개발할까 봐 두려웠어. 그래서 독일보다 미국이 먼저 원자폭탄을 개발하길 바랐지. 미국은 그 과학자들을 도왔고, 과학자들은 원자력을 이용한 원자폭탄을 개발하는 데 성공했어. 미국은 전쟁을 빨리 끝내고, 자신들이 개발한 원자폭탄이 얼마나 대단한지도 알고 싶었어.

1945년 8월 6일, 미국은 일본의 히로시마에 원자폭탄을 떨어뜨렸어.

1945년 8월 6일 히로시마에 떨어진 원자폭탄과 같은 해 8월 9일 나가사키에 떨어진 원자폭탄

원자폭탄은 공중에서 폭발했는데, 번쩍하고 엄청나게 밝은 빛이 생기더니 곧 커다란 버섯 모양의 구름이 피어올랐어. 순식간에 1,000℃가 넘는 엄청난 열이 생기면서, 히로시마는 불길에 휩싸였어. 원자폭탄을 떨어뜨린 폭격기를 몰았던 비행사는 이렇게 말했어.

"폭탄을 떨어뜨린 뒤, 히로시마는 사라진 것 같았다. 온통 검은 용암이 끓어오르는 것처럼 보였다."

이 원자폭탄으로 히로시마에 살았던 7만여 명이 죽었고 13만여 명이 다쳤어. 사람과 생물뿐 아니라 건물도 파괴되었지. 이렇게 수많은 사람이 한순간에 죽고 다쳤지만, 미국은 며칠 뒤 다시 나가사키에 또 다른 원자폭탄을 떨어뜨렸어. 이 폭탄도 수만 명의 사람을 죽고 다치게 했단다.

수십 년이 지난 지금도 그때 살아남은 사람들이 병으로 고통을 당하거나 부모에게 병을 물려받아서 괴롭게 살고 있어.

전 세계가 원자폭탄의 무서움에 경악했어. 그리고 그 무시무시한 무기를 가지고 싶어 했지. 미국, 러시아, 영국, 프랑스, 중국 등의 나라가 원자폭탄이 있어. 하지만 워낙 무시무시한 무기인지라 미국이 일본에 떨어뜨린 2개의 원자폭탄을 제외하고는 실제로 사용한 적은 아직 없어.

원자폭탄이 얼마나 무섭고 위험한지는 알겠어요. 그런데 원자폭탄은 어떻게 이런 무서운 힘을 가지게 되었나요?

원자폭탄에 대해 알려면, 먼저 '원자'에 대해 알아야 해. 원자는 '물질을 이루는 가장 작은 단위'야. 조금 어렵지? 그럼 예를 들어서 다시 알아보자. 물을 화학에서는 H_2O라고 써. H는 수소, O는 산소를 말하거든. 다시 말해서 수소 2개와 산소 1개가 합쳐지면 물이 되는 거야. 여기서 H(수소)와 O(산소)가 원자야. 원자는 아주 작아서 눈으로 볼 수 없어. 성능이 매우 좋은 현미경으로만 볼 수 있지. 그런데 놀랍게도 원자는 그보

물(H₂O) 분자를 이루는 수소(H)와 산소(O) 원자의 모형

원자 속에 있는 원자핵 모형

다 훨씬 작은 알갱이들이 모여 있는 거야. 그럼 원자는 어떤 것들이 모여 있는 걸까? 원자 속에는 원자핵이 있어. 그런데 원자핵은 양성자와 중성자라는 더 작은 알갱이가 모여 있는 거지. 양성자와 중성자들은 꽉 붙어서 서로 떨어지지 않으려고 해. 그리고 원자핵 주위에는 전자라는 것이 있어서 원자핵 주변을 빙글빙글 돌고 있어. 그림으로 원자를 보면 더 이해하기 쉽겠다.

지구에 있는 모든 물질은 원자가 모여진 거야. 이 책의 종이도, 우리가 먹는 음식도, 우리가 숨 쉬는 공기, 우리 몸도 수많은 원자가 모여서 만들어진 거지.

그런데 뭔가 조금 이상하지 않니? 앞에서 물은 H_2O(에이치투오), 즉 수소 2개와 산소 1개로 이루어졌다고 했잖아. 그럼 수소와 산소는 뭐가 다른 걸까? 무엇을 기준으로 수소와 산소는 서로 다른 원자라고 생각하는 걸까? 그건 원자핵 때문이야. 원자핵은 양성자와 중성자라는 알갱이가 모여 있는 거라고 했지? 그런데 이 원자핵 속에 양성자가 몇 개인지에 따라서 그 원자는 수소가 되거나 산소가 되거나 또 다른 종류의 원자가 되는 거야. 신기하지? 원자핵 속에 양성자가 1개면 수소, 원자핵 속에 양성자가 8개면 산소가 되지.

이제 원자에 대해 알게 되었으니, 우리가 이 책에서 알아볼 '원자력'이란 무엇인지를 쉽게 알 수 있을 거야. 그건 조금 더 뒤에서 함께 알아보자.

수염왕의 원자력 노트

원자폭탄은 원자를 이용해서 무시무시한 폭탄을 만든 것이다.
원자는 물질을 이루는 가장 작은 알갱이이다.

(무시무시한 힘을 내는 원자가 무지무지 조그맣다니……. 역시 크다고 다 힘이 세고, 작다고 다 힘이 약한 것은 아니라니까.)

부록 2

원소 주기율표

　원소란 한 종류의 원자로만 이루어진 순수한 물질이에요. 그래서 원자와 원소는 성질이 같지요. 원소 주기율표는 지구에 존재하는 원소들의 종류를 순서대로 나타낸 표예요. 주기율표에 원소들의 순서는 그 원소 속에 있는 원자핵에 몇 개의 양성자가 있는지에 따라 정해져요. 예를 들어 1번인 수소는 양성자 수가 1개, 92번인 우라늄은 원자핵 속에 양성자 수가 92개가 있는 거예요. 자연에서 발견되는 가장 무거운 원소는 원자번호 92인 우라늄이에요. 우라늄보다 원자번호가 큰 원소들은 사람이 만들어 낸 원소랍니다.

주기율표

원자번호	1	1.0079
기호	**H**	← 원자질량
	수소	← 원소이름

Ne : 기체
Fe : 고체
Ga : 액체
Bh : 합성

1 1.0079 **H** 수소																	2 4.0026 **He** 헬륨
3 6.941 **Li** 리튬	4 9.0122 **Be** 베릴륨											5 10.81 **B** 붕소	6 12.01 **C** 탄소	7 14.007 **N** 질소	8 15.999 **O** 산소	9 18.998 **F** 플루오린	10 20.180 **Ne** 네온
11 22.990 **Na** 나트륨	12 24.305 **Mg** 마그네슘											13 26.982 **Al** 알루미늄	14 28.086 **Si** 규소	15 30.974 **P** 인	16 32.065 **S** 황	17 35.453 **Cl** 염소	18 39.948 **Ar** 아르곤
19 39.098 **K** 칼륨	20 40.078 **Ca** 칼슘	21 44.956 **Sc** 스칸듐	22 47.867 **Ti** 타이타늄	23 50.942 **V** 바나듐	24 51.998 **Cr** 크로뮴	25 54.938 **Mn** 망가니즈	26 55.845 **Fe** 철	27 58.933 **Co** 코발트	28 58.693 **Ni** 니켈	29 63.546 **Cu** 구리	30 65.39 **Zn** 아연	31 69.723 **Ga** 갈륨	32 72.64 **Ge** 게르마늄	33 74.922 **As** 비소	34 78.96 **Se** 셀레늄	35 79.904 **Br** 브로민	36 83.80 **Kr** 크립톤
37 85.468 **Rb** 루비듐	38 87.62 **Sr** 스트론튬	39 88.906 **Y** 이트륨	40 91.224 **Zr** 지르코늄	41 92.906 **Nb** 나이오븀	42 96.94 **Mo** 몰리브데넘	43 (98) **Tc** 테크네튬	44 101.07 **Ru** 루테늄	45 102.91 **Rh** 로듐	46 106.42 **Pd** 팔라듐	47 107.87 **Ag** 은	48 112.41 **Cd** 카드뮴	49 114.82 **In** 인듐	50 118.71 **Sn** 주석	51 121.76 **Sb** 안티모니	52 127.60 **Te** 텔루륨	53 126.90 **I** 아이오딘	54 131.29 **Xe** 제논
55 132.91 **Cs** 세슘	56 137.33 **Ba** 바륨	57-71 **La-Lu** 란타넘족	72 180.95 **Hf** 하프늄	73 180.95 **Ta** 탄탈럼	74 183.84 **W** 텅스텐	75 186.21 **Re** 레늄	76 190.23 **Os** 오스뮴	77 192.22 **Ir** 이리듐	78 195.08 **Pt** 백금	79 196.97 **Au** 금	80 200.59 **Hg** 수은	81 204.38 **Tl** 탈륨	82 207.2 **Pb** 납	83 208.98 **Bi** 비스무트	84 (209) **Po** 폴로늄	85 (210) **At** 아스타틴	86 (222) **Rn** 라돈
87 (223) **Fr** 프랑슘	88 (226) **Ra** 라듐	89-103 **Ac-Lr** 악티늄족	104 (261) **Rf** 러더포듐	105 (262) **Db** 더브늄	106 (266) **Sg** 시보귬	107 (264) **Bh** 보륨	108 (277) **Hs** 하슘	109 (268) **Mt** 마이트너륨	110 (281) **Ds** 다름슈타튬	111 (280) **Rg** 뢴트게늄	112 (285) **Cn** 코페르니슘		114 (289) **Uuq** 우눈쿼듐				

란타넘족

| 57 138.91 **La** 란타넘 | 58 140.12 **Ce** 세륨 | 59 140.91 **Pr** 프라세오디뮴 | 60 144.24 **Nd** 네오디뮴 | 61 (145) **Pm** 프로메튬 | 62 150.36 **Sm** 사마륨 | 63 151.96 **Eu** 유로퓸 | 64 157.25 **Gd** 가돌리늄 | 65 158.93 **Tb** 터븀 | 66 162.50 **Dy** 디스프로슘 | 67 164.93 **Ho** 홀뮴 | 68 167.26 **Er** 어븀 | 69 168.93 **Tm** 툴륨 | 70 173.04 **Yb** 이터븀 | 71 174.97 **Lu** 루테튬 |

악티늄족

| 89 (227) **Ac** 악티늄 | 90 232.04 **Th** 토륨 | 91 231.04 **Pa** 프로트악티늄 | 92 238.03 **U** 우라늄 | 93 (237) **Np** 넵투늄 | 94 (244) **Pu** 플루토늄 | 95 (243) **Am** 아메리슘 | 96 (247) **Cm** 퀴륨 | 97 (247) **Bk** 버클륨 | 98 (251) **Cf** 칼리포늄 | 99 (252) **Es** 아인슈타이늄 | 100 (257) **Fm** 페르뮴 | 101 (258) **Md** 멘델레븀 | 102 (259) **No** 노벨륨 | 103 (262) **Lr** 로렌슘 |

"에고, 힘들어. 경찰서에 끌려온 게 도대체 몇 번째야?"

수염왕은 허리를 두드리며 경찰서 밖으로 나왔어. 새벽이라 그런지 수염왕에게 항의하던 사람들도 흩어지고 없었지.

"많이 힘드셨죠? 내일은 식품의약품안전처에 가서 또 조사받아야 하는데……."

일잘해 부장이 수염왕의 어깨를 주물러주며 말했어.

방사능에 오염된 식품을 수입해서 꼬불꼬불면을 만든 혐의 때문에 경찰서에서 밤새워 조사를 받고 나오는 길이었어. 왕수염 회사의 사장인 수염왕, 식품 수입을 담당한 태평해 부장, 그리고 꼬불꼬불면의 판매를 담당하는 일잘해 부장이 조사받았어.

"저는 지금도 이해가 안 됩니다. '이웃 나라에서 원자력발전소가 폭발했으니까 우리 꼬불꼬불면이 방사능에 오염되었다.'라니, 이

게 도대체 무슨 소리입니까?"

"이 사람아, 아직도 그런 무식한 소리를 하고 있나? 도대체 자네는 어떻게 우리 회사에 들어온 건가? 나는 그 사실이 참으로 신기하네."

수염왕이 기가 막혀서 말했어.

"그럼 사장님께서는 원자력발전소랑 방사능, 꼬불꼬불면이 방사능에 오염되었다는 것을 다 이해하신다는 겁니까?"

"응? 그, 그거야 뭐. 저기 그러니까…… 좋아, 우리끼리 있으니 솔직히 말하겠네. 사실 나도 원자력발전소랑 방사능이 무슨 상관이 있다는 건지는 이해가 안 돼. 원자폭탄이 터져야 방사성 물질이 나오는 거잖아. 이웃 나라에서 터진 건 원자폭탄이 아니라 원자력발전소라고. 그런데 왜 나를 못살게 굴지?"

수염왕이 팔자수염 끝을 손가락으로 살짝 끌어올리며 말했어.

"헉! 사장님, 설마 정말로 원자력발전소와 방사능이 아무 상관도 없다고 생각하는 것은 아니시죠?"

일잘해 부장이 깜짝 놀라 물었어.

"응? 내 말이 틀렸나? 원자폭탄이 터지면 방사능 때문에 사람이랑 다른 생물이 죽고 병에 걸리는 거 아냐?"

"그렇죠."

"그러니까 내 말이 맞잖아."

수염왕이 홀쭉하게 들어간 배를 쓰다듬으며 말했어. 경찰서에서 저녁을 먹기는 했지만, 입맛이 영 없어서 조금밖에 안 먹었거든. 아침이 되자 너무너무 배가 고팠어.

"그럼 지금까지 꼬불꼬불면이 방사능에 오염된 재료로 만들어졌다는 얘기에 그렇게 흥분하신 이유가 뭡니까?"

"그건 방사능이건 뭐건, 내 자랑인 꼬불꼬불면에 내가 결정하지 않은 재료가 들어갔다는 사실에 화가 난 거야. 난 방사능 따위는 관심도 없다고. 그냥 온난화 여사의 동영상 강의에서 방사능이란 말이 많이 나와서 이름만 들어본 정도지."

사실 수염왕도 온난화 여사의 원자력발전소와 방사능 등에 관한 동영상 강의를 들었지만, 온난화 여사의 얼굴만 보느라 강의 내용은 기억도 안 났어.

"사장님, 이건 정말 심각한 문제입니다. 우리 왕수염 회사가 망하는 것은 문제도 아닙니다. 정말 우리 꼬불꼬불면이 방사능에 오염되었고, 방사능에 오염된 꼬불꼬불면을 사 먹은 소비자들이 있다면, 그것은 아무도 해결해 줄 수가 없는 엄청난 문제입니다. 우

리가 큰 죄를 짓는 거라고요."

일잘해 부장이 심각하게 말했어.

"무섭게 왜 그래?"

일잘해 부장의 말에 수염왕은 팔에 소름이 쫙 돋았어. 덜컥 겁이 났지.

"우선 전문가를 불러 원자력에 관해서 공부하는 게 좋겠습니다. 우리부터 원자력과 방사능을 알아야 하니까요."

"알았어, 그러자고. 원자력이랑 방사능을 배우자고."

수염왕은 앞으로 힘들고 무서운 일들이 생길 것 같아서 괜히 불안해졌어. 이럴 때 온난화 여사가 곁에 있다면 힘이 되어 줄 텐데.

"이탄소 군, 내가 지금 아주 곤란한 상황이야. 당장 내 회사로 와 주게."

수염왕은 이탄소 군에게 원자력에 대해 배우기로 했어.

"저는 여러분께 원자력발전소에 대해 기본적인 내용을 알려드리겠습니다."

이탄소 군이 수염왕과 태평해 부장, 일잘해 부장과 오꼼꼼 이사

에게 말했어. 오꼼꼼 이사는 원자력에 대해 더 알고 싶다며 참여했어.

 "원자력발전소는 우라늄이라는 물질을 이용해서 전기를 만드는 곳입니다. 우라늄은 원소주기율표에서 보면 아시겠지만, 원소기호는 U이고, 원자번호가 92입니다. 다시 말해서 양성자의 수가 92개라는 것이죠."

 이탄소 군은 원소주기율표에서 92번 우라늄을 가리키며 설명했어.

 "우라늄은 독특한 성질이 있습니다. 우선 자연에서 나오는 원소 중에 가장 무거운 원소입니다. 이 원소주기율표를 보시면 우라늄보다 번호가 더 큰 원소들도 있지만 그것들은 사람이 만든 인공적인 원소지요."

 "질문 있습니다, 이탄소 군. 원자력발전을 할 때, 왜 굳이 우라늄을 쓰는 건가요? 다른 원소를 사용해도 되지 않아요?"

 이탄소 군의 설명을 듣고 오꼼꼼 이사가 물었어.

 "참 좋은 질문이십니다. 원자력에서 우라늄을 재료로 쓰는 이유는, 우라늄은 아주 쉽게 원자핵이 분열(핵분열)하고, 또 쉬지 않고 계속 원자핵이 분열하기 때문입니다. 핵분열이 쉬지 않고 쉽게 일

어나는 만큼 에너지도 쉽게 많이 생기는 것이죠."

이탄소 군은 우라늄은 형제들이 있다는 사실도 알려줬어. 우라늄 238, 우라늄 235, 우라늄 234 등인데, 우라늄의 대부분은 우라늄 238이고, 우라늄 235는 겨우 0.7%만 있다고 했지. 그런데 우라늄 235만 원자력 에너지로 사용한다고 말이야.

"그럼 우라늄 중에 제일 많다는 우라늄 238을 사용하면 될걸, 왜 우라늄 중에 겨우 0.7%만 있는 우라늄 235를 쓰는 겁니까?"

일잘해 부장이 이마에 주름까지 만들며 진지하게 물었어.

"오, 그것도 참 좋은 질문이십니다. 그 이유는 우라늄 238은 핵분열을 하지 않기 때문입니다. 최근에는 우라늄 238을 새로운 에너지로 사용하는 방법을 발견했지만 실제로 사용하는 것은 쉽지 않답니다."

"그런데 말입니다, 우리가 이 교육을 받는 이유가, 원자력발전소가 폭발해서 방사능이 나왔고, 우리가 수입한 식품이 방사능에 오염됐다고 난리가 나서인데, 방사능은 또 뭐랍니까?"

"오호, 태평해 부장님이 정말 중요한 질문을 하셨습니다."

"쳇, 그건 내가 하려던 질문이었는데……."

수염왕은 짜증이 났어. 함께 공부하는 직원들이 질문할 때마다

72

이탄소 군이 감탄을 하며 칭찬하자, 자기도 질문을 해서 칭찬을 받으려고 벼르고 있었거든.

이탄소 군이 태평해 부장의 질문에 답했어.

"우라늄이 핵분열을 하면 열에너지와 함께 방사선이 나옵니다. 우라늄은 스스로 핵분열을 하면서 방사선을 내뿜지요. 핵분열을 이용하면 적은 우라늄으로 많은 에너지(전기)를 만드는 장점이 있지만, 방사선이란 아주 해로운 입자가 나오는 단점이 있습니다."

수염왕은 이탄소 군의 설명이 전혀 이해되지 않았어. 방사능에 대해 물었는데, 이탄소 군이 똥딴지처럼 방사선을 설명하고 있다고만 생각했지.

원자력과 원자는 무슨 상관이 있나요? 원자력은 말 그대로 해석하면 '원자의 힘'이란 뜻인 것 같은데요. 그리고 원자력 에너지는 또 뭔가요?

위에서 원자 속에는 원자핵이 있고 그 원자핵은 양성자와 중성자가 서로 꼭 붙어 있는 거라고 했지? 그런데 우라늄처럼 무거운(원소주기율표에서 숫자가 클수록 무거운 원소) 원자핵은 여러 개로 쪼갤 수 있어. 그 방법은 원자핵에 있는 중성자로 원자핵을 때리는 거야. 그럼 한 개였던 원자핵이 여러 개로 쪼개지며 열에너지가 나오고, 중성자로 맞은 원자핵에서 새롭게 중성자도 튀어나와. 이 에너지를 원자력, 혹은 핵에너지라고 해.

음, 이제부터 하나씩 차례로 생각해 보자. 원자핵이 1개 있어. 그 원자핵을 중성자가 때리면, 원자핵이 여러 개로 쪼개지면서(분열하면서) 여러 개의 원자핵이 생겨. 그때 열에너지가 나오고 중성자들도 새로 나오지. 이 중성자들이 쪼개져서 새롭게 만들어진 각각의 원자핵들을 다시 때리는 거야. 그럼 이 원자핵들마다 또 여러 개의 원자핵으로 쪼개지면서 각각이 에너지와 중성자들을 내보내겠지? 이런 쪼개짐(분열)이 동시에 셀 수 없이 많이 일어나면, 아주 많은 열에너지가 생길 거야. 그 원자에너지를 이용한 것이 바로 원자폭탄과 원자력발전이란다.

이렇게 원자핵이 쪼개지는 것을 '핵분열'이라고도 하는데, 우라늄의 핵분열은 거의 동시에 셀 수 없이 많이 일어나. 원자핵이 분열할 때마다 열에너지가 나온다고 했지? 그러니 동시에 셀 수 없이 많이 핵분열이 일어나면 엄청나게 많은 열에너지가 나오는 거지. 그 에너지를 이용해서 원자폭탄을 만들었는데, 단 1개의 원자폭탄으로 수십만 명이 죽고 다쳤지. 건물과 도로를 녹일 만큼 그 열은 뜨겁고 무섭단다.

그런데 핵분열(원자핵이 쪼개짐)을 이용해서 원자력발전도 한다고 했지? 핵분열을 이용해서 전기를 만드는 거지. 원자력발전소에서 핵분열을 이용해서 전기를 만들 때, 원자폭탄처럼 무시무시한 열이 나오면 어떡하지? 그 열은 건물을 녹일 만큼 뜨겁다고 했잖아. 그러니 원자력발전소를 녹일 수도 있지 않을까? 그래서 원자력발전소에서는 수많은 핵분열이 동시에 일어나지 않는 방법을 이용하고 있어. 그 방법은 중성자의 수를 줄이는 거야. 원자핵을 때려서 핵분열을 일으키는 중성자의 수가 줄어들면, 핵분열이 드물게 일어날 테니까. 그럼 엄청나게 뜨거운 열이 한꺼번에 나오는 대신, 덜 뜨거운 열이 오랫동안 나오게 되지.

그럼 중성자의 수는 어떻게 줄일까? 원자력발전소에서는 중성자를 잡아먹는 카드뮴이란 물질로 제어봉을 만들어서 원자핵이 분열하는 원자로에 집어넣어. 그럼 카드뮴으로 만든 제어봉이 원자로 안에 있는 중성자를 잡아먹어서 중성자의 수가 줄어들고, 핵분열이 한 번에 다 일어나는 것을 막는 거야.

우라늄은 신기한 물질인 것 같아요. 우라늄에 대해 더 알려주세요.

우라늄의 원자력을 이용한 것은 1945년 미국의 원자폭탄이 처음이지만, 이미 우라늄은 수천 년 전부터 도자기와 유리, 타일 등에 색을 낼 때 사용해 왔어.

우라늄 235로 원자력발전소에서 전기를 만들고 원자폭탄을 만들 수 있는 건, 우라늄 235가 핵분열을 하기 때문이야. 우라늄 235는 중성자가 우라늄의 원자핵을 때리면, 원자핵이 2개로 분열하면서 중성자가 2, 3개가 새로 나와. 이렇게 원자핵에서 나온 중성자는 다른 우라늄 235의 원자핵을 때려서 다시 원자핵을 분열하게 해. 또다시 중성자 2, 3개 나올 거고, 그 중성자들도 다른 우라늄 235를 계속 분열시키는 거야. 이런 방법으로, 우라늄 235는 한번 핵분열을 시작하면 계속해서 핵분열을 일으키지. 이것이 우라늄 235의 독특한 점이야.

그런데 이렇게 계속 우라늄 235가 핵분열하려면 우라늄 235의 원자핵이 어느 정도는 있어야겠지? 그런데 우라늄 전체에서 우라늄 235는 겨우 0.7%밖에 없잖아. 그래서 우라늄을 실제로 사용하기 위해서는 우라늄 235를 많이 농축해야 해.

원자력발전소에서 농축한 우라늄 235를 원자로에 넣으면 18개월 동안 핵분열을 하면서 열에너지를 만들어. 원자로에서 쓰고 남은 우라늄 찌꺼기들은 여전히 뜨거운 열과 방사선을 내뿜기 때문에 방사선과 열이 밖으로 새어나가지 않도록 10년 동안 물에 담가 둬야 해.

우라늄은 적은 양으로 엄청난 에너지를 만드는 귀한 자원이야. 원자력발전소에서 전기를 만들 뿐 아니라, 무시무시한 힘을 가진 원자폭탄(핵폭탄)을 만드는 위험한 자원이기도 하지.

수염왕의 원자력 노트

원자 속에 원자핵이 들어 있다. 원자핵은 양성자와 중성자 들이 똘똘 뭉쳐 있는 것이다.
중성자로 원자핵을 때리면 원자핵이 여러 개로 쪼개지면서 열에너지가 나온다.
(중성자로 원자핵을 때리면 열이 나는 게 당연하지. 맞았는데 열이 안 나겠니?)

부록 3

원자력발전소와 화력발전소는 무엇이 다를까요?

먼저 화력발전과 원자력발전이 전기를 만드는 방법을 알아볼까요?

화력발전은 석탄과 석유 등의 화석연료를 태워서 물을 끓여요.

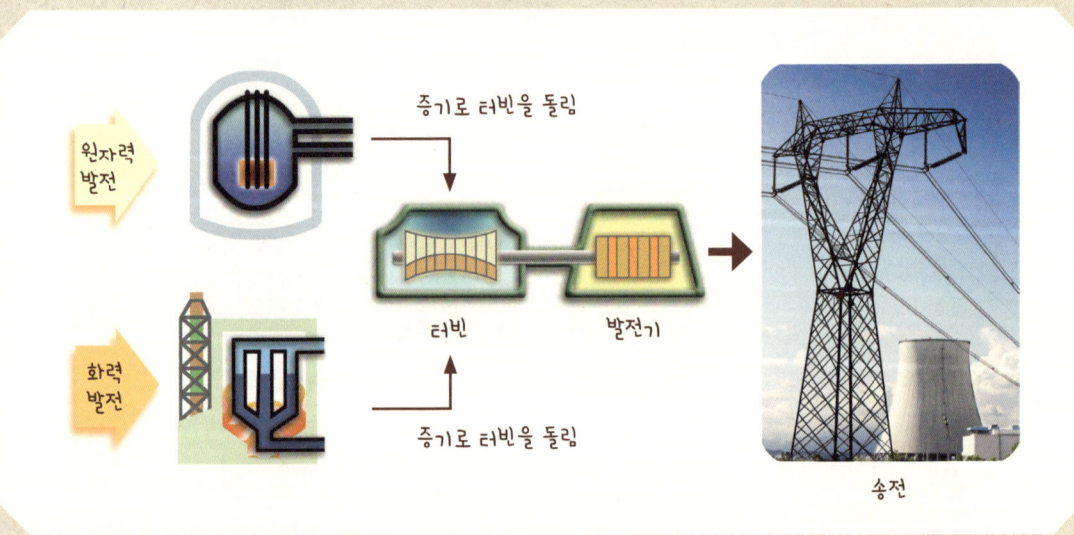

송전

물이 끓으면서 나오는 증기로 터빈을 돌리지요. 터빈이 돌면서 전기가 만들어져요. 원자력발전은 원자로 속에서 우라늄이 핵분열하게 해요. 그러면 높은 열이 나오고, 그 열로 물을 끓이지요. 물이 끓으면서 증기가 나오고 그 증기로 터빈을 돌려요. 터빈이 돌면서 전기가 만들어져요.

어때요? 화력발전과 원자력발전이 전기를 만드는 방법은 똑같지요? 단지 화력발전에서는 화석연료를 태우고 원자력발전에서는 우라늄을 연료로 사용한다는 것만 다를 뿐이랍니다.

4. 위기에 빠진 수염옹
— 원자력발전소와 지역이기주의

"왕 사장님, 손님이 찾아오셨는데요."

"뭐, 또 꼬불꼬불면이 방사능에 오염되었는지 조사한다는 거야? 우리 꼬불꼬불면에 방사능이 아주아주 쪼금도 없다는 것은 이미 밝혀졌잖아. 그런데 왜 자꾸만 나를 귀찮게 하냐고?"

수염왕은 짜증이 솟구쳤어.

지난 몇 달간 꼬불꼬불면은 이웃 나라인 첨단국의 원자력발전소가 폭발하여 발생한 방사능에 오염된 재료로 만들었다는 의심을 받았어. 소비자단체와 환경단체, 시민단체 들이 매일 회사 앞으로 찾아와서 항의했어.

수염왕과 직원들은 경찰서에서 왕수염 회사가 방사능에 오염된 재료를 수입했는지 조사를 받아야 했지. 식품의약품안전처에서는 판매하던 꼬불꼬불면으로 방사성물질이 들어 있는지 꼼꼼하게 조

사했어. 왕수염 회사는 전국에서 팔던 꼬불꼬불면을 모두 거둬들였지. 다른 나라에 수출하려고 배에 싣고 가던 꼬불꼬불면까지 다 거둬들였어. 왕수염 회사에서 꼬불꼬불면을 수거하지 않더라도, 꼬불꼬불면은 모두 반품이 될 터였어. 분노한 소비자들이 전국에서 꼬불꼬불면을 반품하고 불매운동을 했거든.

수염왕은 전국에서 거둬들인 꼬불꼬불면을 모두 없앴어. 창고에 남아 있던 꼬불꼬불면도, 꼬불꼬불면을 만들려고 수입한 재료도 다 버렸어. 공장도 깨끗하게 소독하고 직원들도 만일에 대비해 방사능에 노출되었는지 병원에서 검사받게 했어.

꼬불꼬불나라에서 가장 큰 식품 회사였던 왕수염 회사는 전 국민의 비난을 받으며 망해가고 있었어. 꼬불꼬불면에서 방사성물질이 나오는지 조사했던 식품의약품안전처에서는 몇 달 동안이나 조사했지만, 결국 꼬불꼬불면에서 방사성물질을 발견할 수 없었어.

방사능에 오염된 식품을 수입했는지 수사했던 경찰도 왕수염 회사가 잘못을 하지 않았다고 발표했지. 왕수염 회사가 첨단국의 원자력발전소가 폭발한 이후에 그 나라에서 식품을 수입한 것은 맞지만, 왕수염 회사가 수입한 재료는 원자력발전소가 폭발하기 전

에 생산된 식품이라는 거였어. 단지 들여온 시기가, 원자력발전소가 폭발한 이후였을 뿐이라는 거지.

수염왕과 직원들은 경찰과 식품의약품안전처의 조사 결과를 듣고는 겨우 숨을 돌렸어. 자기들은 아무 잘못도 없었고, 꼬불꼬불면은 여전히 좋은 식품 재료로 만든 건강한 음식이라는 자부심도 지킬 수 있었으니까.

하지만 소비자들의 반응은 여전히 냉담했어.

"식품의약품안전처에서 모든 꼬불꼬불면을 조사한 것은 아니잖아. 우연히 방사능에 오염되지 않은 꼬불꼬불면만 조사한 걸 수도 있어."

"맞아. 왕수염 회사가 방사능에 오염된 꼬불꼬불면은 미리 다 없애서, 방사능에 오염되지 않은 꼬불꼬불면만 식품의약품안전처에서 조사한 걸지도 몰라요."

"꼬불꼬불면이 밥도 아닌데, 우리가 꼭 먹을 필요가 있나요? 그냥 우리 나라에서 자란 곡식을 먹으면 되죠. 정 꼬불꼬불면이 먹고 싶으면 대신 탱탱면을 먹으면 되고요. 찜찜하게 꼬불꼬불면을 뭐 하러 먹어요?"

소비자들의 의심은 좀처럼 풀리지 않았지.

이번 사건으로 수염왕은 너무나 억울해서 화병이 났었어. 신문에 커다랗게 〈꼬불꼬불면은 순수합니다. 방사성물질에 오염되었다는 소문은 거짓임이 밝혀졌습니다.〉라고 매일 광고했지만, 광고비만 엄청나게 들었을 뿐이었지.

"내 억울한 마음을 어떻게 알리지? 어떻게 해야 소비자들이 우리의 결백함을 믿어 줄까? 그동안 우리 꼬불꼬불면을 많이 사 먹고 칭찬했던 소비자들이 이렇게 한순간에 우리를 미워하고 꼬불꼬불면을 먹지 않게 되다니. 오, 인생이 허무하구나!"

화병은 겨우 나았지만, 지금은 이러다 회사가 정말 망하는 것은 아닐까 매일매일 두렵기만 했지. 그런데 누군가 수염왕을 찾아왔다니, 궁금하기는커녕 의심부터 생겼어.

"왕 사장님, 어떻게 할까요? 이분들이 우리 왕수염 회사를 도와주시겠대요."

"뭐? 우릴 돕는다고? 진짜? 또 우리 꼬불꼬불면을 모함하거나 트집을 잡으려는 건 아니고?"

의심이 가득했던 수염왕의 얼굴에 비로소 웃음이 감돌았어.

"크크, 그럼 그렇지. 역시 우리 왕수염 회사를 좋아하는 사람들이 남아 있었던 거였어. 좋아, 좋아, 얼른 모셔와."

수염왕을 찾아온 사람들은 꼬불꼬불나라의 에너지 부서에서 온 전력중 부장과 수력발 차장이었어. 그들은 똑같은 회색 점퍼에 감색 바지를 입고 검은 서류가방을 들고서 수염왕의 방으로 들어왔어.

"저희를 도와주러 오셨다고요. 어떻게 도와주실 건가요? 정말 요즘 우리 회사가 망하기 직전이거든요. 그러니까 얼른 도와주세요. 그리고 많~이……."

수염왕이 눈치를 보며 말을 이었어.

"아시겠지만, 저희는 정말 억울하거든요."

수염왕은 그동안의 억울함, 서러움이 터져 나왔어.

"압니다, 억울하시겠죠. 그런데 저희가 시간이 없으니 본론만 말씀드리겠습니다. 우리 꼬불꼬불나라에 유일한 원자력발전소가 어디에 있는지 아십니까? 바로 동백마을이지요. 그런데 동백마을이 텅 비어 가고 있습니다. 주민들이 다른 마을로 이사를 가버려서요."

"엥? 동백마을이요?"

수염왕은 전력중 부장의 말을 이해할 수 없었어. 갑자기 이게 무슨 풍딴지같은 소리일까? 왕수염 회사를 도와주러 왔다면서, 원

자력발전소는 뭐고 동백마을 주민 얘기는 또 뭐라는 거지?

"쿵, 그러니까 왕수염 회사에서 회사와 공장을 동백마을로 옮기면 저희가 왕수염 회사를 위해 이런저런 것들을 도와드릴 수가 있을 텐데요."

삼국지의 장비처럼 생긴 수력발 차장이 코를 쿵쿵대며 말했어.

"글, 글쎄요. 그렇지 않아도 우리 회사가 이웃 나라의 원자력발전소 때문에 이렇게 망하게 된 건데, 또 원자력발전소와 엮여야 하는 것은 좀……."

"쿵, 회사가 망하기 직전이라면서요. 이런 기회는 다신 오지 않습니다. 쿵."

"그, 그런가요? 그럼 직원들이랑 상의를 하고나서 결정하겠습니다."

수염왕은 도움을 받아야 할지 말아야 할지 고민이었어.

"반대입니다."

오꼼꼼 이사가 에너지 부서 사람들의 말을 전해 듣자마자 반대를 외쳤어.

"저는 찬성입니다. 지금 회사가 망하려고 하는데 도움을 왜 거

절합니까?"

"태평해 부장, 제발 말하기 전에 생각을 하세요. 우리 회사가 왜 이 지경이 된 겁니까? 원자력발전소 때문이에요, 그렇죠? 그런데 다시 원자력발전소 옆으로 이사를 가면 소비자들이 어떻게 생각하겠습니까? 우리와 방사성오염을 연결해서 생각하겠죠, 그렇죠?"

태평해 부장의 말에 오꼼꼼 이사가 답답해하며 가슴을 쳤어.

"그건 그래. 하지만 당장 우리 회사가 도움이 필요한 것도 맞잖아."

수염왕은 신경질적으로 팔자수염을 질근질근 씹으며 말했어.

"우리가 정부를 믿지 않으면 어쩝니까? 분명히 정부가 우리에게 도움을 주려고 이런 제안을 한 거겠죠. 저는 찬성입니다."

일잘해 부장이 말했어.

"그럼 동백마을 주민들이 왜 고향, 집을 버리고 다른 마을로 이사했겠어요? 정부에서 주는 도움을 다 포기하고 왜 떠났겠어요?"

"주민들이 원자력발전소가 위험하다고 생각해서 마을을 떠난 거겠죠."

"바로 그겁니다, 내 말이 그거라고요. 원자력발전소는 위험하다 이겁니다. 그런데 왜 우리가 위험한 원자력발전소 옆으로 회사

를 옮기냐고요. 여러분은 방사능이 얼마나 무서운지 몰라요? 방사능…….”

태평해 부장이 오꼼꼼 이사의 말을 가로챘어.

"오꼼꼼 이사님이야 말로 참 답답하십니다. 우리가 원자력발전소가 있는 동백마을로 이사를 가면, 정부에서는 원자력발전소가 안전하다는 홍보를 할 수 있고, 동백마을도 주민이 늘어서 좋겠죠. 세상에 공짜가 어디 있습니까? 도움을 받으려면 그 정도의 위험은 감수해야 하는 겁니다."

"저는 정부를 믿습니다. 설마 원자력발전소가 위험한데도 우리에게 원자력발전소 옆으로 이사하라고 하겠습니까? 정부를 믿어야 하지 않습니까?"

일잘해 부장의 말이었어.

"알겠어요. 하지만 이건 아주 중요한 문제예요. 아무리 우리가 회사의 임원이라도 맘대로 결정할 수는 없어요. 그러니 전체 직원들이 찬성반대 투표를 해서 결정해야 해요."

오꼼꼼 이사가 말했어.

'이 자리에 있는 사람 중에 제정신인 사람은 나밖에 없군. 하지만 직원들은 분명히 원자력발전소 옆으로 이사하는 걸 반대할

거야.'

오꼼꼼 이사는 속으로 생각했어.

"그건 그래. 회사가 이사하면 직원들의 가족도 다 이사를 가야 하니까 함부로 결정하면 안 되지. 직원들에게 이번 일을 다 알린 다음에 투표를 하자고. 그래서 결정하지."

수염왕도 직원들의 결정에 따르는 게 좋을 것 같았어. 이탄소 군에게 원자력발전소에 대해 배웠지만, 아직은 원자력발전소가 정말로 위험한 건지, 또 우리에게 꼭 필요한 것인지 확신할 수가 없었지.

임원회의가 끝나고 곧바로 수염왕은 회사 입구에 이런 대자보를 붙였어.

<친애하는 왕수염 임직원 여러분께>

최근에 우리 왕수염 회사가 엄청난 위기라는 건은 다 알고 있을 겁니다. 우리의 자랑, 꼬불꼬불면이 방사능에 오염되었다는 말도 안 되는 모함을 받았지요.

하지만 나와 여러분은 떳떳합니다. 몇 달 동안 조사를 받았지

만, 우리 꼬불꼬불면은 안전하다는 결론이 나지 않았습니까.

하지만 한번 돌아선 소비자의 마음은 다시 돌아오지 않고, 우리 왕수염 회사는 곧 문을 닫아야 할지도 모르겠습니다.

이 절박한 상황에서, 정부의 에너지부에서 우리에게 이런 제안을 했습니다.

원자력발전소가 있는 동백마을로 회사와 공장을 이사하면, 우리 왕수염 회사에게 이런저런 도움을 주겠다고요. 그러니 임직원 여러분은 이 제안을 받아들일지, 거절할지 곰곰이, 신중하게 생각해 보십시오.

물론, 이 왕수염 회사의 사장인, 나 수영왕이 마음대로 결정할 수도 있으나, 여러분도 아시다시피, 내가 인권 교육까지 받은 사람인 만큼, 인간적으로, 여러분의 결정에 따르려고 합니다.

지금부터 일주일 뒤, 이사할지 말지를 결정하는 투표를 할 것입니다.

모든 직원이 투표에 참가하십시오.

내 명령입니다!!! 난 사장이니까!!!!

-왕수염 회사 사장, 수염왕

처음엔 원자력으로 무시무시한 원자폭탄을 만들었잖아요.
그런데 어떻게 원자력으로 전기를 일으킬 생각을 했을까요?
언제부터 원자력발전소에서 전기를 만들었는지도 궁금해요.

원자폭탄은 제2차 세계대전 때, 미국이 전쟁에 사용하려고 개발했다고 했지? 전쟁이 끝나고, 세계 여러 나라는 엄청난 힘을 가진 원자력을 평화롭게 이용하는 방법을 연구했어. 1951년 미국은 최초의 원자력발전을 성공시켰어. 그리고 1953년에 미국이 가지고 있는 원자력 기술을 세계에 공개했지. 그때부터 다른 나라들도 원자력을 화석연료 대신 사용할 에너지원으로 생각한 거야. 1956년 영국이 처음으로 원자력발전소에서 전기를 만들어 사용했지.

우리나라는 부산에 원자력발전소 고리 1호기를 짓고 1978부터 전기를 만들고 있어. 그 뒤 부산과 전라남도 영광, 경상북도 경주, 월성(예전 이름은 울진)에 원자력발전소를 더 지어서 2014년 10월까지 원자력발전소는 23개이고 지금 짓고 있는 원자력발전소가 4개나 돼. 우리나라에서 사용하는 전기 중에 원자력발전소에서 만든 전기가 절반 정도나 된다고 해.

원자력발전소가 가장 많은 나라는 미국이야. 그 다음이 프랑스, 일본, 러시아 그리고 우리 대한민국이지. (2015년 기준) 전 세계에서 다섯 번째로 원자력발전소가 많지만, 다른 나라보다 영토가 작은 것을 생각하면 가장 좁은 땅에 가장 많은 원자력발전소가 있는 셈이지. 어떤 전문가들은 지금까지 원자력발전소 사고는 원자력발전소가 많은 나라에서 일어났다며, 우리나라에 원자력발전소가 너무 많다고 걱정해. 원자력발전소가 많은 만큼, 사고가 일어날 확률도 높다는 거지.

꼬불꼬불나라의 마을들이 자기 마을에 원자력발전소를 못 짓게 하잖아요. 우리나라에서는 어떤가요?

'님비(NIMBY)'라는 영어 단어가 있어. 'Not in my back yard'를 줄인 단어인데, 우리말로는 '우리 집 뒷마당에는 안 돼.'라는 뜻이야. 원자력발전소, 방사능 폐기물 처리장, 쓰레기 소각장, 장애인시설, 교도소, 요양시설, 화장터 등의 공공시설(혐오감을 준다고 해서 혐오시설이라고도 해.)이 자기 마을에 들어오는 것을 반대하는 거야. 사회에 꼭 필요한 시설인 것은 분명하지만, 자신들이 사는 곳에는 짓지 말라는 거지. 그래서 지역이기주의라고도 부르고 집단이기주의라고도 하지. 님비라는 말은 언제 생겼을까?

   1987년에 미국의 아이슬립이라는 곳에서 나온 쓰레기를 버릴 곳이 없었어. 어느 마을도 쓰레기 처리장을 짓지 못하게 했거든. 미국 정부는 할 수 없이 3,000톤이나 되는 쓰레기를 배에 싣고 여섯 달 동안이나 쓰레기를 버릴 곳을 찾아 미국과 멕시코, 바하마까지 돌아다녔어. 하지만 결국 쓰레기를 버릴 곳을 찾지 못하고 결국 처음의 아이슬립으로 되돌아왔어.

혐오시설 중 하나인 쓰레기장

　이 사건에서 님비라는 말이 처음 나온 거야. 그래서 산업이 발달한 국가들이 자기나라에서 처리하지 못하는 쓰레기를 아프리카, 남아메리카, 아시아 등의 상대적으로 산업이 발달하지 못한 나라들에 보내는 상황이야.

　우리나라에서는 부안에서 방사능 폐기물 처리장을 지으려는 정부와 반대하는 지역 주민 사이에 2년 동안이나 다툼이 있었고, 의정부에서는 주민들이 쓰레기 소각장을 짓지 못하게 반대하기도 했어.

　밀양에서 2008년부터 현재(2015년)까지도 송전탑 건설에 반대하는 시위를 계속하고 있어. 울산에 있는 신고리 원자력발전소 3호기에서 만든

밀양 송전탑 반대 시위

전기를 다른 지역으로 이동시키는 전선과 탑을 밀양에 짓겠다는 정부와 이에 반대하는 밀양 주민의 싸움은 아직도 계속 되고 있지.

님비 현상은 자기 가족, 마을만 중요하게 생각하는 지역이기주의야. 하지만 다른 사람들을 위해, 그 지역 주민들에게 손해와 불편함을 강요할 수도 없지. 예를 들면, 전기를 많이 사용하는 곳은 대도시지만 실제로 원자력발전소는 촌락에 있어. 대도시 주민이 전기를 더 많이 쓰는데, 위험하거나 건강에 해를 줄 수도 있는 발전소를 내가 사는 동네에 세운다면 어떨까? 아무리 다른 사람을 위한 일이라 해도, 나는 억울할 수 있을 거야. 어촌 혹은 산촌, 농촌 지역이라서, 주민들의 나이가 많거나,

그 지역에 사는 사람이 적다는 이유로 혐오시설을 강요할 수는 없지.

그래서 사람들이 싫어하는 공공시설, 혐오시설을 지을 때는 신중해야 해. 그 시설을 지을 지역 주민에게 불편과 손해를 주는 만큼, 이익과 편리함도 함께 지원해야 하는 거지. 무엇보다 정부와 지역 주민이 충분히 대화를 해서 서로가 원하는 것을 함께 찾는 것이 중요할 거야.

수염왕의 원자력 노트

원자력발전소는 우리가 생활하는 데, 가장 많이 사용하는 전기에너지를 만든다. 전기를 사용하는 사람들도, 자기가 사는 집 근처에는 원자력발전소를 짓지 못하게 한다.

(다른 지역 사람들도 자기 마을에 원자력발전소를 짓지 못하게 하는데, 왜 내가 우리 마을에 원자력발전소를 짓도록 허락해야 해?)

"난 이런 것들이 싫어. 난 곰곰이 생각해야 하는 일이 싫어. 머리가 아프니까 고민이 싫어. 곰도 질색이야, 둔해 보이잖아."

수염왕은 팔자수염을 질겅질겅 씹으며 중얼거렸어. 오랫동안 고민을 하며 팔자수염을 씹었더니 수염이 너덜너덜해질 지경이었어.

왕수염 회사를 원자력발전소가 있는 동백마을로 이사하는 것에 대한 직원들의 찬반 투표에서 직원들의 90%가 이사를 반대했어.

"이제 어쩌면 좋지? 이대로 내 회사가 망하는 것을 두고 봐야만 하나?"

막상 동백마을로 이사하지 못하게 되자, 수염왕은 고민이었어.

그때 손님이 찾아왔어. 지난번에 수염왕에게 회사를 동백마을로 옮기는 것을 제안했던 에너지부 사람들이었어.

"아쉽지만, 왕수염 회사의 임직원분들의 결정을 따라야겠지요. 그래서 말인데요, 회사를 동백마을로 옮기는 것이 어려우시면 이건 어떻습니까?"

전력중 부장이 수염왕에게 말했어.

"이것이 저희가 왕수염 회사에게 드릴 수 있는 마지막 제안입니다. 사실은, 저희가 오랫동안 원자력발전소를 지을 장소를 검토해 왔는데 왕수염 회사가 가지고 있는 땅을 우리 에너지부에 파는 건 어떻습니까? 수영마을에 있는 땅 말입니다."

"그곳에 원자력발전소를 짓겠다는 거요?"

"네. 원자력발전소는 지진이 일어날 수 있는 지층은 피해서 지어야 합니다. 그리고 튼튼한 암반 위에 짓지요. 만약에 지진이 발생해도 암반 위에 지은 건물은 지진으로 인한 흔들림이 1/2~1/3로 적습니다."

전력중 부장의 말이 끝나자, 수력발 차장이 그 말을 이었어.

"쿵. 사실, 이웃 나라의 원자력발전소가 폭발한 이후에 원자력발전소에 대한 헛소문이 퍼지면서 어느 마을에서도 원자력발전소를 자기 마을에 짓지 못하게 하거든요. 쿵."

"헛소문?"

"네, 그렇습니다. 수염왕 사장님께서도 꼬불꼬불면에 대한 헛소문으로 곤란을 겪어 봐서 아시잖습니까? 참 얼마나 억울한 일입니까?"

"그, 그렇죠. 내가 진짜 지금도 자다가 벌떡 일어나서 냉수 두 컵을 마셔야 할 정도로 속에서 열이 난다니까. 그렇지만 원자력발전소가 위험하다는 말은 헛소문이 아닌 것 같은데 말이오."

수염왕이 전력중 부장에게 대답했어. 왕수염 회사와 꼬불꼬불면은 정말로 억울하지만, 원자력발전소가 위험하다는 건 맞는 얘기 같았어.

"쿵. 그건 주민들이 몰라서 그러는 겁니다. 원자력발전소는 사실 아주 안전하답니다. 특히, 쿵, 우리 꼬불꼬불나라의 에너지부에서 지으려는 원자력발전소는 안전을 최우선으로 생각했답니다. 쿵. 제가 설명해 드리죠. 쿵."

수력발 차장이 사방으로 뻗친 수염을 손가락으로 빗으며 말했어.

"쿵. 우선 가장 많이 잘못 알려진 것부터 말씀드리겠습니다. 사람들이 원자력발전소를 원자폭탄과 똑같이 생각한다는 겁니다. 쿵. 원자폭탄이야 사람을 해치는 전쟁 무기이니 당연히 위험하고

무섭습니다. 하지만, 쿵, 원자력발전소는 사람이 편리하게 생활할 수 있도록 전기를 만드는 겁니다. 어떻게 같을 수 있겠습니까? 쿵쿵쿵."

"그렇지만 이웃 나라의 원자력발전소는 원자폭탄처럼 폭발했잖소?"

"쿵쿵쿵. 그건 폭발이라기보다는 사고지요, 사고. 자세히 말씀드리자면, 원자력발전소와 원자폭탄은 재료부터 아주 다릅니다. 그래서 절대 폭발할 위험이 없습니다."

"호, 재료가 다르다?"

"그렇죠. 쿵. 원자폭탄에 사용하는 재료는 거의 우라늄 235가 95%이상이지만, 원자력발전소에서 사용하는 우라늄은 우라늄 235가 2~5%이거든요."

"우라늄 235가 95%이상인 것과 우라늄 235가 2~5%라. 정말 그 재료부터 다르구먼."

수염왕은 고개를 끄덕였어. 우라늄의 농도만 다를 뿐, 어차피 같은 우라늄이라는 것은 깨닫지 못했지. '95%이상'이란 말과 '2~5%'라는 말을 들으니, 같은 우라늄 235인데도 서로 다른 우라늄인 것처럼 느껴졌어.

"쿵. 원자폭탄은 핵분열이 동시에 엄청나게 많이 일어나면서 한꺼번에 열에너지가 폭발적으로 쏟아져 나오는 것입니다. 그러니 우라늄이 많이 포함된 재료를 사용해야 하지요. 그런데 원자로에서는 핵분열이 조금씩 일어나서 열에너지가 조금씩만 만들어지도록 하는 것입니다. 약 375℃ 정도지요. 그래서 우라늄 235가 아주 조금만 들어 있는 재료를 사용합니다. 우라늄 235가 쪼금 들어 있는데 어떻게 원자폭탄처럼 한 번에 터질 수 있겠습니까? 그건 있을 수 없는 일입니다. 쿵쿵쿵, 쿵쿵쿵."

"호~."

수염왕은 입을 헤, 벌리며 수력발 차장의 설명에 푹 빠져들었어. 이탄소 군에게 들었던 우라늄과 원자력 등에 대한 내용도 기억해 보았어.

원자폭탄은 우라늄이 농축되어 있어서 중성자가 우라늄의 원자핵을 때려서 쪼개지는 것(핵분열)이 짧은 시간에 아주 많이, 그것도 거의 동시에 일어난다고 배웠던 것이 떠올랐지. 원자력발전소에서 사용하는 우라늄은 한 번에 너무 많이 핵분열이 일어나서 큰 에너지가 한꺼번에 생기지 않게 중성자를 잡아먹는 카드뮴 제어봉을 넣어서 조절한다는 것도 생각났어.

'역시 대단할걸, 내 기억력은!'

수염왕은 무의식적으로 자신의 머리를 쓰다듬으려다 멈칫, 손을 내렸어. 명색이 사장인데, 손님들 앞에서 잘난 척하는 것은 예의에 어긋난다 싶었거든.

"원자력발전소가 그렇게 안전하다면, 첨단국의 원자력발전소는 왜 폭발한 거요?"

"폭발이 아니라, 사고라니까요, 단순한 사고! 킁."

수력발 차장이 여전히 코를 킁킁대며 말했어.

"이웃 나라의 원자력발전소 사고의 정확한 원인은 아직 잘 모릅니다. 그 나라에서 쉬쉬하면서 비밀로 하고 있거든요. 어쨌든 우리 꼬불꼬불나라에서 세우려는 원자력발전소는 지진 같은 자연재해가 생겨서 발전소가 세워진 땅이 흔들리면, 원자로 속으로 중성자를 잡아먹는 카드뮴 제어봉들을 몽땅 집어넣습니다. 제어봉이 중성자를 다 잡아먹게 말입니다. 그러면 원자로는 멈추게 되지요."

"킁. 저희가 지으려는 원자력발전소는 진짜로 안전하다니까요. 킁."

수염왕은 전력중 부장과 수력발 차장의 설명을 다 듣고 나자,

마음이 편해졌어. 한편으로는 에너지부의 제안을 다 거절해서 왕수염 회사가 망할까 걱정이었고, 다른 한편으로는 에너지부의 제안을 받아들여서 위험한 원자력발전소를 짓는 데 도움이 되는 것이 걱정이기도 했거든, 특히나 온난화 여사의 반응이 걱정이었지.

수염왕은 다시 직원들에게 투표를 실시했어. 이번엔 왕수염 회사의 땅을 에너지부에 팔아서, 에너지부가 그 땅에 원자력발전소를 짓게 하는 것에 찬성하는지, 반대하는지를 묻는 투표였어.

"직원이 모두 투표를 했습니다. 결과는 찬성 72%입니다. 기권 10%, 반대는 18%입니다."

일잘해 부장이 직원들의 투표 결과를 수염왕에게 보고했어.

"그런데 오꼼꼼 이사는, 우리가 회사 땅을 에너지부에 팔아서, 원자력발전소를 짓게 한다면 사표를 내겠답니다."

"엥? 뭐? 지금 그 양반이 나한테 반항하겠다는 건가? 아니, 아니지. 오꼼꼼 이사가 민주주의를 모르는구먼. 투표, 다수결의 원칙, 이런 것들을 무시하면 민주 시민이 아니야. 내 말이 의심스러우면, 《꼬불꼬불나라의 정치이야기》를 보라고. 그 책에도 오꼼꼼 이사가 나왔으면, 나처럼 민주주의에 대해 배웠을 텐데 말이야."

"오꼼꼼 이사는 의심이 너무 많습니다. 우리 나라 정부에서 하는 일인데 설마, 국민에게 해가 되는 일을 하겠습니까?"

일잘해 부장이 웬일로 다른 사람의 흉을 보았어. 일잘해 부장은 정부에서 하는 말은 다 믿었어. 국민을 위해 일하는 것이 정부인데, 국민에게 해가 되는 일을 할 리가 없다고 굳게 믿었지.

"그, 그렇지. 그리고 원자력발전소만 짓는 게 아니라, 그 지역 주민이 운동하고 쉴 수도 있는 공원도 만들고, 체육관이랑 문화센터도 만든다고 했잖아. 원자력발전소에 대해 알 수 있는 '원자력박물관'도 만들고 말이야."

"그렇죠. 그리고 제가 알기로는 꼬불꼬불나라에서 가장 많은 전기를 만드는 것이 화력발전소인데, 화력발전소는 화석원료를 사용합니다. 화석연료를 사용하면 공기가 오염되고, 온난화 문제가 생기지 않습니까? 화석연료 때문에 공기가 오염되는 것보다는 원자력발전소가 깨끗해서 좋다고 생각합니다."

일잘해 부장이 열을 올리며 말했어.

수염왕은 일잘해 부장의 말을 듣고 안심이었어. 여전히 온난화 여사가 원자력발전소에 반대하는 것은 아닐까 걱정이었는데, 원자력발전소가 공기 오염을 막는다는 말을 듣고 나니, 안심되었던

거야.

'그래. 온난화 여사에게 혼날 일은 없겠다. 다행이야.'

수염왕은 가슴을 쓸어내렸어.

원자력발전소가 안전하다는 것이 정말인가요? 첨단국의 원자력발전소에서 사고가 난 것도 그렇고, 원자폭탄이랑 원리가 같은 것도 그렇고…… 믿을 수가 없어요. 다시 설명해 주세요.

이야기에서 전력중 부장과 차력발 차장이 원자력발전소의 안정성에 대해 설명한 부분을 기억해 보자. 원자폭탄과 원자력발전소의 재료인 우라늄이 서로 다르다고 했지? 물론 같은 우라늄 235이지만, 원자폭탄은 우라늄이 97% 정도로 농축된 것이라 수많은 핵분열이 거의 동시에 일어나서 한꺼번에 열에너지가 폭발적으로 생긴다고. 그에 비해 원자력발전소에서 사용하는 우라늄은 농도가 겨우 2~5% 정도여서 핵분열이 천천히 일어나고, 그런 만큼 열에너지도 높지 않다고 말이야.

그리고 지진 같은 자연재해가 생기는 경우를 대비하는 방법도 소개했어. 우라늄의 핵분열이 일어나는 곳이 원자로인데, 그 속에 우라늄을 넣고 핵분열을 시켜서 열에너지를 내게 하는 것이 원자력발전소의 원리잖아. 그 원자로에 제어봉을 몽땅 다 넣어서 중성자를 다 잡아먹게 해서, 아예 원자로 자체를 꺼버리는 방법이었어.

그 외에도 원자력발전소를 안전하게 운영하기 위한 방법들이 있단다.

바로 '보이드 효과'라는 거야. 이것은 원자로 속에서 우라늄이 핵분열을 많이 일으켜서 열에너지가 많아지면, 다시 말해서 원자로 속의 온도가 높아지면 거품이 생기게 하는 거야. 이 거품 때문에 중성자가 아주 빨리 움직이게 되지. 그러면 중성자가 너무 빨라서 우라늄 235의 원자핵과 부딪히기 어려워져. 원자핵과 중성자가 서로 부딪히는 수가 줄어드니 당연히 핵분열이 줄고, 열에너지도 줄어들지. 그렇게 해서 원자력발전소의 안전을 지키는 거야.

다른 방법도 있어. '도플러 효과'라는 건데, 원자로 속에 넣은 재료에 원자력발전의 재료인 우라늄 235뿐 아니라 핵분열을 하지 않는 우라늄 238도 같이 넣는 거야. 그래서 만약에라도 우라늄 235가 원래 정했던 것보다 많이 핵분열을 일으켜서 열에너지가 많이 생기면, 우라늄 238이 핵분열을 일으키는 중성자를 먹어 버리는 거지. 중성자가 줄어들면 핵분열도 줄어들게 되고, 당연히 열에너지도 줄어들면서 원자로는 안전해지는 거야.

원자력발전소의 안정성은 이제 알겠어요. 그렇지만 굳이 원자력을 이용해서 전기를 만드는 이유는 뭔가요?

원자력으로 전기를 만드는 데는 장점이 있어. 그건 원자력발전의 연료인 우라늄의 특징 때문이지. 앞에서 원자력은, 중성자가 원자핵에 충돌해서 원자핵을 여러 개로 쪼개고 그때 열에너지를 뿜어낸다고 했지? 그 열에너지로 전기를 만들고 말이야. 원자핵을 여러 개로 쪼개는 데는 아주 작은 중성자들이 필요할 뿐이고. 다시 정리해 볼까? 원자력발전의 연료인 우라늄 235의 원자핵과 우라늄 중성자가 부딪히면, 쉽게 여러 개로 핵분열을 하고 큰 열에너지를 만들지. 원자력발전의 연료인 우라늄을 다른 연료들과 비교해 보면 쉽게 우라늄의 힘을 알 수 있을 거야. 우라늄 1g(그램)은 8만 가구가 한 달 동안 사용할 수 있는 전기를 만들 수 있어. 과학자 아인슈타인의 계산으로는, 1g의 우라늄 235를 태우는 열은 석탄 3,000,000g, 3t(톤)을 한 번에 태우는 열과 같다고 해.

그동안은 전기의 70%를 석유, 석탄을 태워서 만들어 왔어. 석유에서 뽑은 물질로 옷감도 만들지. 자동차, 비행기 같은 교통수단도 석유로 움직여. 난방도 석유, 석탄, 천연가스 등으로 했어. 그래서 석유, 석탄을 많이 사용한 만큼, 지구에는 석유, 석탄이 얼마 남지 않았어. 그래서 석유, 석탄이 다 사용하기 전에, 새로운 연료를 찾아야 했어.

그리고 이 책의 앞에서 수염왕의 목을 아프게 만들었던 오염 물질들, 지구온난화를 일으키는 이산화탄소 등은 석유, 석탄을 태울 때 나오는 거야. 결국, 석유, 석탄을 덜 사용하면 그만큼 지구도 깨끗하고 안전해지는 거지. 그래서 공해를 만들지 않고, 한 번 사용하고 다시 사용할 수 있는(재생 가능한) 연료가 필요했던 거야. 그리고 그 역할을 우라늄을 이용한 원자력발전이 해주길 바라는 거란다.

수염왕의 원자력 노트

지금까지 사람은 석탄과 석유 같은 화석연료를 아주 많이 사용해서, 지금은 쓸 수 있는 양이 많이 남지 않았다.
그런데 우라늄 235는 석유, 석탄과 비교해서 엄청나게 많은 에너지를 만든다.
(우라늄 235를 안 쓰자니 사람들이 사용할 에너지자원이 부족하고, 쓰자니 무섭고, 헹.)

부록 4

에너지자원은 앞으로 얼마나 남았을까요?

　사람은 많은 에너지를, 다양하게 사용하고 있습니다. 어두울 때 불을 밝히고, 컴퓨터, 휴대전화, 텔레비전을 사용할 때는 전기가 필요합니다. 전기는 발전소에서 석유, 석탄, 우라늄 등의 에너지자원을 태워서 만듭니다. 자동차와 기차, 비행기를 움직이기 위해서도 석유와 천연가스를 등의 에너지자원을 사용합니다. 추울 때는 난방을 해서 따뜻하게 지내고 목욕을 할 때도 물을 따뜻하게 데워서 사용하지요. 이때도 역시 석유나 천연가스, 혹은 석탄 같은 에너지자원을 사용하는 것입니다. 그뿐만 아니라 에너지자원으로 공장의 기계를 움직여서 물건을 만들고, 농사를 짓고, 물고기를 잡고, 소와 돼지 등을 키울 때도 에너지자원이 필요합니다.

그런데 이렇게 우리에게 꼭 필요한 에너지자원은 그 양이 정해져 있습니다. 그리고 세계의 산업이 발달할수록, 석유, 석탄, 천연가스 등의 에너지자원은 더 많이 사용하게 되지요.

이제, 우리가 사는 지구에는 에너지자원이 많이 남지 않았습니다. 남은 에너지자원들을 얼마나 더 사용할 수 있는지 알아볼까요?

존경하는 온난화 여사에게

온난화 여사, 안녕하시오.

나, 수염왕이오.

요즘 아프리카는 날씨가 어떻소?

아차차, 덥겠지. 당연히 덥겠지. 그러니까 아프리카지. (도대체 내가 무슨 소리를 하는 걸까. 온난화 여사, 날 한심하다고 생각하면 아니 되오.)

마운틴고릴라도 잘 지내오?

내가 안부를 묻더라고 전해 주시오.

온난화 여사가 마운틴고릴라를 구하기 위해 나를 떠난 뒤, 나에게 엄청난 사건이 벌어졌다오.

우리 꼬불꼬불면이 방사성물질에 오염되었다는 말도 안 되는 누명을 쓰고, 또다시 내가 경찰서에 불려가서 조사를 받았소. 다행히 누명은 벗었지만 소비자들은 여전히 우리를 믿지 않고 있다오. 꼬불꼬불면이 전국에서 반품되어 회사는 망할 지경이오.

그런데 우리 꼬불꼬불나라의 에너지부에서 나에게 이런 제안을 했소. 왕수염 회사가 가진 땅에 원자력발전소를 짓게 해주면, 회사를 도와주겠다고 말이오. 꼬불꼬불나라의 마을마다 원자력발전소를 짓지 못하게 해서 원자력발전소를 지을 땅을 구하기 어렵다고 하오.

일잘해 부장도 원자력발전소는 깨끗한 에너지라서 지구온난화를 막는다고 했소. 환경을 보호하는 에너지라고 말이오. 하지만 나는 확신이 서질 않소. 온난화 여사, 당신이 여기 있다면 내가 옳은 결정을 하도록 옆에서 현명한 충고를 해줄 텐데……. 나는 어쩌면 좋소. 이번 달 마지막 날까지 에너지부의 제안을 받아들일지 거절할지 결정해야 하오. 그러니 마운틴고릴라를 구하느라 바쁘겠지만 이 편지를 읽자마자 답장을 보내주시오.

온난화 여사, 참 보고 싶소.

고민에 빠진 수염왕이

수염왕은 심사숙고해서 쓴 편지를 국제우편 편지 봉투에 넣었어. 그리고 직접 우체국에 가서 아프리카로 국제우편을 보냈어.

얼른 답장이 와야 할 텐데, 수염왕은 마음이 조마조마했어.

"왕 사장님, 그런데 우편으로 보내면 시간이 오래 걸릴 거예요."

비서인 성실해가 말했어.

"며칠이나 걸리는데?"

"온난화 이모는 아프리카 르완다에 계세요. 마운틴고릴라가 사는 곳에 계시니까요. 그런데 르완다는 사회가 불안해서, 편지를 일찍 못 받거나 아예 못 받으실 수도 있어."

"그, 그래? 그, 그럼 어쩌지? 어떻게 해야 온난화 여사에게 내 편지를 전하고 답장도 받지?"

"이모에게 인터넷 메일을 보내세요. 그럼 바로 확인을 하시고 답장도 보내주실 거예요."

"난 메일을 보내 본 적이 없는데. 인터넷 검색만 겨우 하는걸. 메일을 어떻게 쓰겠어."

수염왕은 고개를 저었어. 하지만 각고의 노력 끝에, 이틀 뒤 수염왕은 온난화 여사에게 길고 긴 메일을 보낼 수 있었어. 눈물 없

이는 읽을 수 없는 참 간절한 편지였다고 해.

하지만 온난화 여사의 답장은 오지 않았어.

하루에도 몇 번씩이나 메일을 확인했지만, 온난화 여사는 수염왕이 보낸 메일을 읽지도 않고 있었어. 수염왕은 속이 바짝바짝 타들어 갔어. 곧 에너지부가 약속한 마지막 날이 다가오고 있었거든.

직원들의 대장 노릇을 하며, 직원들에게 큰소리, 잔소리하는 재미가 쏠쏠했던 회사에도 나가기가 싫었어. 직원들은 둘 이상만 모이면 에너지부의 제안에 대해 토론하느라 시끄러웠어. 에너지부의 2번째 제안에는 찬성했던 직원들이 시간이 지나자 반대쪽으로 마음이 바뀌고 있었지. 아직 사표를 안 낸 오꼼꼼 이사가 직원들을 설득했거든. 오꼼꼼 이사는 에너지부의 제안에 적극 찬성인 일잘해 부장과 하루에도 몇 번씩 심각하게 말싸움을 하는 앙숙이 되어 버렸어. 꼬불꼬불면이 팔리지 않아서 할 일도 없던 터에, 직원들은 회사에서 원자력발전소에 대한 토론으로 시간을 다 보내고 있었지.

더 큰 문제는 왕수염 회사가 수영마을에 있는 땅을 원자력발전소를 짓도록 에너지부에 팔지도 모른다는 것이 알려지면서 수영마

을 주민들이 격렬한 시위를 시작한 거야. 수영마을 주민도 왕수염 회사처럼 두 편으로 나뉘어서 원자력발전소를 짓는 것에 찬성하는 주민과 반대하는 주민이 서로 얼굴만 봐도 멱살을 잡고 주먹을 휘두를 정도로 심각하게 대립하고 있었어.

"원자력발전소를 지으면 우리 마을이 부자가 된다고요. 이웃 나라를 보니까, 원자력발전소에서 전기를 만들어서 번 돈으로 주민들에게 혜택을 참 많이 줍디다. 아이들 학비도 대주고 공원이랑 도서관같이 주민 편의 시설도 빵빵하게 지어 주고 말이오."

"아무리 혜택을 많이 주면 뭐하오? 병에 걸려서 죽도록 아프다가 결국 죽을 텐데, 돈이 무슨 소용이요?"

"죽긴 누가 죽는다고 그러쇼? 마을에 원자력발전소가 있다 해서 병에 걸리고 죽는다는 게 말이 되오?"

"아까 이웃 나라 얘기했지요? 원자력발전소를 지은 마을 주민이 이런저런 혜택을 받아서 잘살았다고 말이오. 그러다 어찌 되었소? 결국, 원자력발전소가 폭발하는 바람에 주민과 동식물, 땅, 물 등이 몽땅 방사능에 오염되어서 난리가 났잖아요? 소문으로는 다른 마을 사람들이 그 마을 사람들을 다들 피한대요, 방사능에 오염될까 봐."

"무식한 소리! 방사능이 무슨 전염병이라도 되나? 그리고 우리 나라의 원자력발전소는 첨단국의 원자력발전소랑 달라요. 첫째 이웃 나라는 전부터 지진이나 화산폭발이 자주 있었어요. 원래 그 나라 땅이 불안했단 말이오. 하지만 우리 나라는 화산 폭발은커녕 지진 한 번 난 적이 없어요. 아주 안전한 땅인 거지."

"맞아요. 내가 알아보니, 이웃 나라의 원자력발전소는 원래 지을 때부터 불안했대요. 더 안전한 원자력발전소를 지을 수도 있는데 발전소를 빨리 짓느라 무리해서 허술하게 발전소를 지었다고 하더라고요."

"이웃 나라도 원자력발전소를 지을 때는 '설마 사고가 나겠어.' 하며 안심했을 거요. 지금 당신네처럼 말이오. 하지만 사고가 났잖아요."

원자력발전소를 찬성하는 마을 주민은 검은 글씨를 쓴 흰 피켓을, 반대하는 주민은 붉은 글씨로 쓴 검은 피켓을 들고 마을 입구에서 시위를 벌였어. 때때로 감정이 격해져서 몸싸움을 하기도 했어. 자신들과 의견이 다른 주민들과는 말도 하지 않고 얼굴만 봐도 얼굴을 찌푸리며 고개를 홱 돌려 버렸지. 부모와 자식의 생각이 달랐고, 위아래 집 의견이 서로 달랐어. 마을을 위하는 자신들

의 진심을 몰라준다며 상대방에게 서운하고 답답하고 또 화도 난 거야.

수영마을 대표는 수염왕에게 찾아와서, 얼른 결정하라며 난리였지. 이러다 마을 주민들 사이에 전쟁이라도 나겠다며 걱정이 이만저만이 아니었어.

'미치겠네. 난 어쩌면 좋을까? 어떤 결정을 해야 후회하지 않을까?'

수염왕은 머리를 쥐어뜯으며 고민했어. 하도 팔자수염을 꼬고 잡아당기고 잘근잘근 씹어 댔더니 그 멋지게 위로 스윽 웨이브를 만들었던 팔자수염은 몇 올 남지도 않았어.

'그래, 내일까지만 온난화 여사의 답장을 기다려 보자. 답장이 안 오면, 에너지부의 제안을 다 거절하자. 어쨌든 안전이 최고니까.' 수염왕은 마음먹었어.

다음 날이 되었어. 역시나 온난화 여사의 답장은 오지 않았어. 대신 에너지부의 전력중 부장과 수력발 차장이 약속보다 이틀 먼저 수염왕을 찾아왔어.

"수영마을 주민들이 시위를 하고, 뉴스에서도 이번 발전소 문제를 앞다퉈 보도하니까 윗분들이 난리가 났어요. 우리 두 사람이 정말 곤란해졌답니다. 그러니 얼른 결정을 내리시지요. 이틀 더 고민한다고 결정이 바뀌지는 않을 거잖습니까?"

"내가 이번엔 진짜로 고민을 많이 했는데 말이오……. 음, 미안하지만, 난 거……."

수염왕의 입에서 '거절'이라는 말이 채 나오기 전에, 일잘해 부장이 사장실로 달려 들어왔어.

"사장님 큰일 났습니다. 창고에 불이 나서 직원들이 많이 다쳤답니다."

"뭐, 창고에 불이? 누가 다쳤다고?"

수염왕은 놀라서 자리에서 벌떡 일어났어. 꼬불꼬불면의 재료를 쌓은 창고에서 불이 났다는 거였어. 팔리지도 않는 꼬불꼬불면을 계속 만들 수도 없으니 창고에 재료들이 잔뜩 쌓였고, 만들었지만 팔리지 않은 꼬불꼬불면도 더는 쌓을 곳이 없을 정도로 가득 쌓여 있었지. 할 일이 없어진 직원들이 창고라도 청소한다고 나섰다가 그만 불을 낸 거였어.

창고 깊숙한 곳에서 정리하던 직원 4명이 유독가스를 마시고 쓰러지고, 2명은 화상을 입었어. 불을 피해서 창고 밖으로 달려 나가다 넘어져서 다리가 부러진 직원도 있고, 그 넘어진 직원 밑에 깔려서 코뼈가 부러진 직원도 있다고 했어. 소방관이 출동해서 금세 불길을 잡았지만 창고에 있던 꼬불꼬불면과 재료들은 몽땅 불에 타고, 창고도 잿더미가 된 상태였어.

왕수염 회사의 전체 직원들은 사기가 푹 꺾였어. 회사에 나쁜 일만 생긴다며 다들 풀이 죽었어. 창고를 새로 지을 돈도 없었고 말이야.

수염왕은 다시 고민했어. 화가 나는 건, 어떻게 결정해도, 후회가 남을 거라는 거였어. 에너지부의 제안을 거절하면 회사가 망하고 직원들이 실직자가 돼버릴 테니 당연히 후회하겠지. 에너지부의 제안을 받아들이면 원자력발전의 위험성 때문에 늘 찜찜하고 불안할 테고 말이야. 하지만 수염왕은 다시 결정을 내렸어. 왕수염 회사를 살려서 계속 사장을 하고 싶은 욕심도 있었지만, 무엇보다 직원들의 생계를 지켜줄 의무가 있다고 생각했어. 직원들이 회사에서 월급을 받아야 그 가족들이 먹고살잖아.

'그래, 결심했어. 다시 생각해 보니, 안전보다는 먹고사는 게 더 중요한 것 같아.'

지금까지 수염왕이 왕수염 회사의 사장으로 있으면서 유일하게 자신보다 직원들을 먼저 생각해서 내린 결정이었어. 수염왕은 에너지부의 1, 2제안을 모두 받아들이기로 했지.

"나 수염왕은 쩨쩨하지 않아. 이왕 제안을 받아들이기로 했으니, 화끈하게 두 가지를 다 받아들이는 거야."

수염왕은 깊게 숨을 들이마시며 중얼거렸어.

3장에서 태평해 부장이 이탄소 군에게 방사능에 관해 물었잖아요. 그런데 아직 방사능이 뭔지 알려주시지 않으셨어요. 도대체 방사능이 뭐죠?

    5장에서 에너지부의 직원들이 원자력발전에 사용하는 우라늄은 겨우 그 농도가 2~5%일 뿐이고, 원자력발전소도 안전하다고 설명했지? 그런데 원자력발전이나 원자폭탄이 무서운 것은 우라늄에서 방사선이 나오기 때문이란다. 앞에서 원소 안에 있는 원자핵에 관해 읽은 것을 다시 떠올려 보자.

    원자핵은 양성자와 중성자가 서로 꼭 붙어 있는 거라고 했지. 그런데 양성자와 중성자의 개수가 같다면 그 원자핵은 '안정'하다고 해. 반대로 양성자가 중성자보다 많거나 적으면 그 원자핵은 '불안정'한 거지.

    그런데 원자핵은 '안정'되고 싶어 하거든. 안정되는 방법은 양성자와 중성자의 수를 같게 해서 다른 종류의 원자핵으로 변하는 거야. 그런데 이렇게 다른 원자핵으로 변할 때, 방사선을 내뿜게 돼. 앞에서 우라늄은 스스로 방사선을 내뿜는 물질이라고 했지? 그래서 우라늄을 사용해서 전기를 만드는 원자력발전소는 방사선을 내뿜는 방사성 물질이 있을 수밖에 없지.

문제는 이 방사선이 위험하다는 거야. 방사선은 살아 있는 세포를 파괴해. 우리 몸은 보이지 않는 아주 작은 세포로 이루어져 있잖아. 그런데 방사선이 그 세포를 파괴한다고 생각해 봐. 우리 몸이 병들고, 심하면 목숨을 잃게 될 거야. 방사성물질에 많이 오염되면 며칠 만에 목숨을 잃고, 암·백혈병 등으로 고통을 받게 돼. 우리 몸속으로 들어온 방사성물질은 몸속에서도 계속해서 방사선을 내뿜으며 우리 몸의 세포를 파괴하거든.

원자폭탄은 한 번에 핵분열을 일으켜서 엄청난 열에너지를 내고 그래서 주변의 모든 것을 불태워 버려. 하지만 더 큰 위험은 그 열에너지와 함께 사방으로 퍼져나가는 방사성물질인 거야.

원자력발전소에서도 원자폭탄과 마찬가지로 핵분열로 열에너지를 내고 그 열에너지로 전기를 만들지. 그래서 원자력발전소에서 우라늄을 사용하고 나면, 방사성물질이 나와.

특히 플루토늄이라는 아주 위험한 물질이 생기는데, 플루토늄 1g은 100만 명을 폐암에 걸리게 할 수 있어. 미국이 2차 세계대전 때 일본의 나가사키에 떨어뜨린 원자폭탄도 플루토늄으로 만든 원자폭탄이었어. 그래서 원자력발전소는 아주 철저하게 안전관리를 해야 해.

그럼 위험한 방사성물질이 발전소 밖으로 안 나오도록 원자력발전소에서 조심하면 되잖아요?

맞아, 원자력발전소에서 방사성물질이 전혀 밖으로 나오지 않는다면 참 좋겠다. 하지만 이야기 속의 이웃나라 발전소나 실제의 체르노빌 발전소처럼 사고는 항상 일어날 수 있어. 한 번의 사고로 수많은 동식물이 목숨을 잃고 고통을 받는 거지.

하지만 원자력발전이 위험한 것은 이런 사건 때문만은 아니야. 위의 질문에 대한 답에서 원자력발전소에서 우라늄을 사용하고 나면 플루토늄이란 위험한 물질이 나온다고 했지? 그건 원자력발전소를 아무리 철저하게 관리하더라도 생길 수밖에 없는 거야. 원자력발전소에서 우라늄을 이용해서 전기를 만들면 생기는 방사성물질을 '방사능 폐기물'이라고 해. 공식적으로 우리나라 원자력법에, 방사능 폐기물이 무엇인지 정의되어 있으니 소개할게.

'방사능 폐기물은 방사성물질 또는 그에 의하여 오염된 물질로 폐기의 대상이 되는 물질이다.'

방사능 폐기물은 원자력발전소에서 전기를 일으키기 위해 연료를 사용하고 남은 플루토늄, 사용하고 남은 우라늄, 그 밖의 방사성물질과 발

전소에서 근무하는 사람들이 입은 작업복과 장갑, 기계를 수리하고 나온 기계 부품 등이 있어. 또 발전소 안의 공기, 물도 방사성물질에 오염되어 있을 수 있어. 그래서 함부로 버리면 안 돼.

원자력발전소뿐 아니라 방사성물질을 이용하는 병원, 연구소, 대학, 회사 등에서도 방사능 폐기물이 생기지. 그런데 정말 원자력이 위험한 이유는 바로 이거야. 이 방사능 폐기물을 처리할 방법이 없다는 거지. 적어도 지금까지는 말이야. 태우지도 못해, 공기가 방사성물질에 오염되니까. 땅에 묻을 수도 없어, 땅이 오염될 테니까. 바다에 버려도 안 돼, 바닷물이 오염되잖아. 이렇게 공기, 땅, 물이 오염되면, 그 오염은 다시 우리의 몸속으로 들어오게 되지.

원자력발전소를 지으면 보통 30년 동안 전기를 만들 수 있다고 해. 원자력발전을 하고 난 뒤 나오는 방사능 폐기물도 시간이 지날수록 방사능이 약해져. 그런데 놀랍게도, 정말 놀랍게도, 방사능 폐기물에서 나오는 방사능이 약해지는 시간이 상상을 초월할 만큼 길다는 거야. 길게는 백만 년이 지나야 방사능이 약해진다니, 어마어마하지? 도대체 백만 년 동안이나 안전하게 방사능 폐기물을 보관하는 방법은 뭘까? 음, 도저히 생각이 나지 않지?

우리뿐 아니라 전 세계의 수많은 과학자, 전문가가 그 방법을 고민하고 있지만 아직 방법을 찾지 못했어. 그럼 지금은 방사능 폐기물을 어떻게 하고 있냐고? 임시로 잘 봉해서 어딘가에 쌓아 놓고만 있는 상황이야.

수염왕의 원자력 노트

원자력은 건물을 녹일 수 있을 만큼 엄청나게 뜨거운 열을 뿜는다. 하지만 원자력에서 정말 무서운 것은, 원자력이 핵분열을 하면서 내놓는 방사성물질이다.

(미국, 러시아가 1945~1963년 사이에 원자폭탄 실험을 해서 공기 중에 퍼진 방사성물질이 일본 히로시마에 떨어진 원자폭탄의 3만 배나 된대. 너무, 나빴어!).

　수염왕이 결정하기까지는 오래 걸렸지만, 결정한 뒤에는 일사천리로 일이 진행되었어. 왕수염 회사와 공장은 한 달도 안 되어서 원자력발전소가 있는 동백마을로 옮겼어. 그리고 에너지부는 수영마을에 있는 왕수염 회사의 땅에 새로운 원자력발전소가 짓는다는 계획을 발표했어.

　원자력발전소를 짓는 데 반대했던 수영마을 주민들의 시위는 더 격렬해졌어. 꼬불꼬불나라의 국민들도 찬성과 반대로 의견이 나뉘었어. 원자력발전이 적은 양의 우라늄으로 전기를 많이 만드니 싼값에 전기를 많이 만들어서 좋다고 찬성하는 사람, 원자력발전은 위험하니 절대 안 된다며 반대하는 사람들이었어. 그런데 양쪽 모두가 이런 결정을 내린 수염왕을 욕했어. 돈만 아는 사람이라는 거였지.

수염왕은 두 귀를 막고 싶었어. 슬금슬금 억울함이 솟았어. 처음으로 자신보다 회사와 직원들을 먼저 생각해서 내린 결정이었는데도 다들 수염왕만 욕하니까 말이야.

직원들조차도 수염왕을 욕했어. 회사를 동백마을로 옮기는 것은 직원 투표로 이미 안 가기로 결정했는데, 수염왕이 독단적으로 모든 직원의 결정을 바꿨다는 거야. 수염왕이 직원들의 안전보다 회사를 지키려고 에너지부의 제안을 받아들인 거라고 뒤에서 숙덕거렸지.

'사장으로 사는 것은 억울하고 외로운 거야. 생각해 보니, 왕이었을 때도 쪼금 외로웠던 것 같지만 말이야.'

수염왕은 억울해서 저절로 눈물이 찔끔 났어. 하지만 남들이 볼까 봐 얼른 눈물을 닦았어. 사장의 위엄을 지켜야 했거든. 오늘따라 온난화 여사가 더 보고 싶으면서도 수염왕의 메일을 읽지조차 않아서 야속했어.

"뜨아땃땃따! 온난화 여사의 메일이잖아!"

수염왕은 별생각 없이 메일을 확인하다, 온난화 여사의 메일이 도착한 것을 보고, 앉은 채로 공중으로 날듯이 뛰어올랐어.

수염왕 씨에게

안녕하세요. 온난화입니다.

수염왕 씨의 메일을 이제야 확인했습니다. 오랫동안 마운틴고릴라가 사는 산에서 지냈거든요. 답장이 늦어서 미안합니다.

수염왕 씨의 메일에 대한 제 의견은, 물론 짐작하시겠지만, 원자력발전소를 반대한다는 겁니다. 그 이유도 제 동영상 강의를 제대로 들었으면 알겠지만, 제게 메일을 보내 의견을 묻는 것을 보면, 제 동영상 강의를 제대로 듣지 않은 것 같습니다. 제 의견을 적는 것보다는 원자력발전소에서 일어난 사고를 알려주는 것이 더 객관적인 답이 되겠죠.

가장 대표적인 사고는 우크라이나의 체르노빌 원자력발전소 사고일 거예요. '체르노빌의 악몽'이라고 불리죠. 체르노빌 원자력발전소는 1978년부터 발전을 해서 전기를 만들었어요.

그러던 1986년 4월 26일 새벽이었죠. 체르노빌 직원들은 원자력발전소가 안전한지 실험을 했어요. 그러다 작은 실수

로 순식간에 원자로 안의 온도가 1,000℃ 이상으로 올라갔어요. 결국, 원자로는 우라늄이 핵분열을 하면서 뿜어 낸 높은 열에너지에 녹아 버렸지요. 녹은 원자로에서 방사성물질이 밖으로 새어 나왔고 사방으로 퍼져 나갔어요. 발전소는 불길에 싸였어요.

하지만 체르노빌 원자력발전소에서 일하던 직원들도 원자력발전소에서 사고가 생겼을 때, 어떻게 대처해야 하는지를 몰랐다고 해요. 더욱이 체르노빌 원자력발전소에서 사용한 원자로는 물을 부으면 더 온도가 올라가는 원자로였어요. 하지만 그것을 몰랐던 소방대원들은 물로 불을 끄려고 했어요. 이 물은 오히려 대폭발을 일으켰고 불기둥이 50m나 치솟았지요. 게다가 방사능이 너무 강해서 발전소에 접근하기도 힘들었다고 해요. 불길은 발전소를 집어삼키고 그 사이 방사성물질은 계속 밖으로 새어나가고 있었죠. 불길은 9일이 지나서야 사그라졌어요.

이 사고로 목숨을 잃은 사람이 3만 명이 넘는다고 하니, 정말 무서운 일이지요. 체르노빌 원자력발전소는 그 뒤에도 몇 번 사고를 일으켰어요. 결국, 발전소를 폐쇄하고 시멘트로 발

전소 전체를 묻는 작업을 했어요.

　더 무서운 사실은 '체르노빌의 악몽'은 아직 끝나지 않았다는 겁니다. 지금도 체르노빌 원자력발전소에서 퍼진 방사성 물질에 중독되어 고통을 받고 있는 사람이 300만 명이 넘는다고 해요.

　물론 모든 원자력발전소가 다 사고를 일으키는 것은 아닙니다. 대부분의 원자력발전소는 사람들에게 꼭 필요한 전기를 안전하게 만들고 있지요. 하지만 단 한 번의 사고만으로도 원자력발전소는 원자폭탄보다 무서운 피해를 줍니다. 그런 사고가 다시 생기지 않으리라는 것을 누가 보장합니까.

　하지만 이곳 우간다에서 멸종 위기에 처한 마운틴고릴라를 보며, 마음이 복잡해졌습니다. 지금도 전 세계에서 우리와 함께 살아온 수많은 친구들이 지구에서 완전히 사라지고 있습니다.

　멸종의 가장 큰 원인이 동식물이 사는 곳(서식지)이 파괴되는 것, 지구온난화, 오염 등이지요. 화석연료를 사용하는 것이 지구를 아프게 하는 것은 확실하지요. 그것을 대처해 줄 에너지가 필요한 것도 사실입니다. 그렇다고 위험한 요소를

분명히 가지고 있는 원자력발전을 해야 하는 것일까.

어떤 사람은 이렇게 말하더군요. '차 사고로 사람이 죽거나 다칠 수 있으니 차를 다 없애 버리자는 거냐? 세상에 완벽하게 안전한 것이 어디 있냐?'라고요. 맞는 말씀입니다. 하지만 조금이라도 사고를 줄일 수 있다면 저는 그 방법을 먼저 생각해 보아야 한다고 생각합니다.

오랫동안 제 대답을 기다리셨을 텐데, 확실한 답변을 드리지 못해 미안합니다. 결정은 수염왕 씨가 하십시오. 원자력발전소의 장점과 단점을 꼼꼼히 잘 생각하십시오. 분명히 현명

한 판단을 하실 거라 믿습니다. 그럼 다시 뵐 때까지 건강하십시오.

원자력발전소가 없는 우간다에서 온난화 보냄

- 추신: 마음이 복잡할 때 보라고 사진을 함께 보냅니다. 보면 마음이 평화로워질 거예요.

온난화 여사가 보내준 사진 속에는, 짙은 녹음이 우거진 숲 속에서 새끼 고릴라 세 마리가 나뭇가지에 매달려 놀고 있었어.

온난화 여사의 답장을 읽고 수염왕은 겁이 났어. 수십 년 전에 일어난 체르노빌 원자력발전소 사고 때문에 지금까지 그토록 많은 사람이 죽고 고통을 받고 있다는 것에 놀랐어. 원자력발전소 사고가 원자폭탄보다 무섭다니, 소름이 돋았지. 하지만 이미 원자력발전소에 찬성했는데, 이제 어쩌란 말인가.

사실, 수염왕이 아직 꼬불꼬불나라의 왕이었을 때, 이웃 나라 첨단국은 원자력 에너지가 값도 싸고, 안전하다며 원자력발전소를 지으라고 권했어. 자기들이 아주 싸게 원자력발전소를 지어 주

겠다고 했지.

하지만 수염왕은 첨단국이 꼬불꼬불나라보다 더 과학이 발달한 것에 배가 아파서 거절해 버렸어. 원자력발전소가 위험한지, 아니면 다른 방식으로 전기를 만드는 방법보다 정말 싼지 등은 생각도 하지 않았지.

수염왕은 온난화 여사의 메일을 천천히 다시 읽었어. '수염왕이 현명한 판단을 할 거라 믿겠다.'는 온난화 여사의 메일을 읽으며, 수염왕은 가슴이 찌르르 아팠어. 정말 자기가 현명한 판단을 한 걸까, 자신이 없었어.

'나는 나는 될 터이다, 하늘 왕자가 될 터이다.'

수염왕의 휴대전화 벨이 울렸어.

거의 동시에 수염왕의 집으로도 전화가 왔어.

따르릉따르릉.

수염왕은 양손으로 집전화와 휴대전화기를 들어 양쪽 귀에 댔어.

"여보시오, 왕수염 회사의 사장 수염왕……."

수염왕의 말이 끝나기도 전에, 휴대전화에서 다급한 목소리가 들려왔어. 태평해 부장이었어. '천하태평인 태평해 부장이 이렇게

다급하게 전화를 하다니 별일이네.'라고 생각하는데 태평해 부장이 소리를 질렀어.

'지진입니다. 회사 건물이 흔들려요.'

집 전화기로 전화를 건 사람은 오꼼꼼 이사였어. 수염왕이 '오꼼꼼 이사가 아직도 회사를 안 그만뒀구면.'이라고 생각하는 동안, 오꼼꼼 이사도 소리를 질렀어.

"원자력발전소가 있는 곳에 지진이 났습니다!"

수염왕은 양쪽 귀가 먹먹해지면서 아무 소리도 들리지 않았어. 아니 듣고 싶지 않았고, 이미 들었지만 인정하고 싶지 않았어. 하지만 마음과는 달리, 이미 수염왕은 원자력발전소 근처에 있는 회사를 향해 달려가고 있었어.

"사, 사장님, 왕 사장님!"

가쁜 숨을 쉬며 누군가 수염왕을 불렀어.

수염왕이 뒤돌아보자, 일잘해 부장이 숨이 턱까지 차서 수염왕의 뒤에서 달려오고 있었어.

"이, 이, 일잘해 부장!"

수염왕 역시 거친 숨을 쉬며 겨우 말을 했어.

수염왕과 일잘해 부장이 달리는 인도 옆의 도로에는 주인이 버리고 간 자동차, 버스 들이 뒤죽박죽 뒤섞여서 도로를 가득 채우고 있어.

왕수염 회사와 원자력발전소가 있는 곳에 지진이 났다는 전화를 받고, 수염왕은 자동차를 몰아 동백마을로 달렸어. 그런데 동백마을의 거리는 지진으로 거북의 등딱지처럼 여기저기 갈라진 상태였어. 차를 몰고 가던 사람들이 차를 도로에 내버려 둔 채 안전한 곳

으로 피한 뒤라, 도로는 차들만 가득했지. 지진은 멈췄지만, 차를 몰 수 있는 상황이 아니었던 거야.

하는 수 없이 수염왕도 차에서 내려서 인도로 걸어 나왔어. 비로소 주변의 상황을 볼 수 있었지. 수염왕이 본 건물 1층의 슈퍼마켓에는 진열대가 넘어지거나 벽 쪽으로 밀려가 있었어. 진열대에 놓였던 물건들은 쏟아져 바닥에 뒹굴고 있었지. 슈퍼마켓의 주인처럼 보이는 남자가 계산대 밑에서 주위를 둘러보며 천천히 일어나는 모습도 보였어.

엉망진창이 된 슈퍼마켓 안을 보며 수염왕은, '회사는 어떤 상황일까, 직원들은 다 무사할까?' 겁이 났어. 특히 원자력발전소에는 아무 이상이 없을까, 생각만 해도 심장이 오그라들 지경이었지. 수염왕은 두근거리는 심장을 겨우 진정시키고 회사를 향해 달렸어. 절대 달리기는 하지 않는 수염왕이었지만, 지금은 짧은 다리로 힘차게 앞으로 달려갔어. 회사를 원자력발전소가 있는 이곳으로 이사하기로 한 자신에게 화가 났어.

얼굴이 터질 듯이 빨개지고 심장이 터질 듯이 숨이 가빴지만, 수염왕은 멈출 수 없었어. 그때 일잘해 부장이 수염왕을 부른 거야. 일잘해 부장 역시 얼굴이 빨갛게 상기되어서 거친 숨을 몰아

쉬며 달려오고 있었지.

"자네는 왜 여기 있나? 이사하느라 힘들었을 테니, 오늘은 회사에 나오지 말고 쉬라고 했잖아."

수염왕이 물었어.

"텔레비전에서 회사 근처에 지진이 났다는 속보를 봤습니다. 회사가 이곳으로 이사하는 데 제가 가장 적극적이었지요. 그런데 어떻게 다른 회사 직원들을 지진 속에 두고 저만 안전하고 편하게 집에서 쉬겠습니까?"

일잘해 부장이 이마에 솟은 땀을 닦으며 말했어.

수염왕은 일잘해 부장이 함께 있어서 든든했지만, 한편으로는 걱정도 되었어. 지진이 난 곳을 피해도 모자랄 판에, 일잘해 부장까지 지진이 난 곳에 가니 걱정되었지.

"오면서 라디오로 계속 지진 속보를 들었어요. 원자력발전소는 지진이 발생하자, 자동으로 원자로가 정지되었고 원자력발전소 직원들도 안전 수칙에 따라 발전소를 잘 관리하고 있다고 합니다."

"그래? 그나마 다행이네, 다행이야."

수염왕도 이마에 송골송골 맺힌 땀을 레이스 수건으로 닦으며 말했어.

원자력발전소에서 난 사고에는 어떤 것이 있고,
그 영향(후유증)은 무엇이 있나요?

이야기 속에서 수력발 차장은 사람들이 원자력발전과 원자폭탄을 동시에 떠올리는 것에 불만이 있었지만, 두 개는 분명히 같은 방법으로 원자력을 사용하고 있어. 그 말은 원자력발전소는 언제라도 원자폭탄처럼 위험을 줄 수 있다는 거야.

전 세계에 원자력발전소가 얼마나 위험한지를 알린 사고가 바로, 체르노빌 원자력발전소가 폭발한 사고야. 원자력발전소에서 일어나는 사고를 그 위험한 정도에 따라 7등급으로 나누는데, 체르노빌 폭발은 가장 위험한 7등급 사고였어. 체르노빌 원자력발전소에서 퍼진 방사성물질은 우리나라(남한)보다 더 넓은 지역을 방사성물질로 오염시켰어.

바람을 타고 사방으로 퍼진 방사성물질은 시간이 지나 땅으로 가라앉고 땅속으로 스며들었어. 그래서 그 지역의 물, 풀, 식물이 오염되고 그 물과 풀을 먹은 동물도 방사능에 오염되었지. 만약 사람이 방사능에 오염된 식량을 먹었다면 그 사람 역시 방사능에 오염되는 거야. 특히 방사능에 오염된 풀과 물을 먹은 젖소가 방사능에 오염되고, 그 젖소에게서

방사성물질을 음식으로 섭취하면 더 위험함

나온 우유에도 방사성물질이 나왔어. 이 우유를 먹은 아이는 어떻게 되었을까? 역시 방사성물질에 오염될 수밖에 없어. 체르노빌에서 퍼진 방사성물질은 유럽과 아시아에도 퍼졌어. 우리나라에도 체르노빌 원자력발전소가 폭발한 날에 공기 중에 방사성물질이 평소보다 훨씬 많았다고 해.

원자력발전소 사고가 무서운 이유 중 하나는, 그 피해가 아주 오래 계속된다는 거야. 사고가 난 지 30여 년이 지난 지금도, 체르노빌에서 퍼진 방사성물질은 사라지지 않고 지구 어딘가를 떠돌고 있어. 방사능에 오염된 사람이 340만 명이나 되고 그들 중의 87%가 병으로 고통 받고 있다고 해. 지금도 체르노빌 원자력발전소 주변의 반경 30km의 땅은 철조망을 쳐서 특별 관리하고 있어. 서울보다 넓은 땅이 아무도 살 수 없는 '죽음의 땅'이 된 거야.

체르노빌 원자력발전소 사고보다 먼저, 미국의 스리마일 원자력발전소에서도 직원의 실수로 사고가 있었어. 핵분열로 생긴 엄청나게 높은 열이 원자로를 다 녹이고 5겹으로 된 보호시설 중에 4번째 방호벽까지 다 녹이고 방사성물질이 쏟아져 나왔어. 마지막 보호시설인 방호건물만 남았지. 다행히 마지막 방사성물질은 방호건물 안에 가둬져서 원자력발전소 밖으로 퍼지지는 않았어. 하지만 한 사람의 실수만으로도 원자력발전소는 사고가 날 수 있다는 것을 일깨워줬지.

최근엔 일본의 후쿠시마에서 지진과 해일 때문에 원자력발전소가 폭발하는 큰 사고가 있었어. 후쿠시마 원자력발전소 사고는 뒤에서 다시 알아보자. 참, 러시아의 핵잠수함에서도 사고가 있었어. 이런 사고들을 보면, 원자력은 언제라도 우리에게 큰 위험이 될 수 있다는 것을 알 수 있지.

우리나라가 세계에서 다섯 번째로 원자력발전소가 많다고 했잖아요. 우리나라에서는 원자력발전소 사고가 없었나요?

위에서 원자력발전소에서 일어나는 사고는 얼마나 위험한 사고인지에 따라 7등급으로 나눈다고 했지? 그 등급을 정하는 기준을 국제 원자력 사고·고장 등급(INES: International Nuclear Event Scale)이라고 해. 그중에서 1~3등급의 사건은 '고장', 4등급 이상은 '사고'라고로 정의하고 있어. '고장'과 '사고'를 나누는 기준은 방사선이 사람에게 영향을 주었는지 아닌지로 결정하지.

우리나라는 1978년 고리 1호기부터 2014년까지 23개의 원자력발전소에서 전기를 만들고 있어. 2014년 10월까지 우리나라 원자력발전소에서는 INES 4등급 이상인 '사고'는 일어나지 않았어. 하지만 3등급 이하인 '고장'은 689건이나 있었지. 지금도 가장 오래된 원자력발전소인 고리 1호기는 계속 고장을 일으키고 있고, 월성 1호기도 오래되어서 혹시라도 큰 사고가 날까 봐 불안한 상황이야.

게다가 불법으로 돈을 벌려는 사람들이 원자력발전소에 사용하는 부품을 불량 부품으로 사용해 왔다는 것이 알려져서 국민을 경악하게 했지. 또 고리 2호기는 애초에 설계도와 실제 건물을 지은 것이 다르다는 것이 알려졌어. 터빈과 취수건물을 연결한 선을 케이블을 설치하고서 단단히 밀봉을 해야 하는데 아예 밀봉을 하지 않아서 빗물이 원자력발전소 안으로 흘러들어갔지. 더 큰 문제는 30여 년 동안 이 사실을 아무도 몰랐다는 거야.

원자력발전소는 가장 엄격하게, 가장 완벽하게 안전해야 하는 시설이야. 단 한 번의 사고로 우리나라 전체가 방사성물질에 오염되고 아주 오랫동안 전 국민이 고통을 받게 될 수도 있으니까. 자연재해로 사고가 난 것도, 사람의 실수로 원자력발전소에 문제가 생긴 것도 아니고(물론 자연재해와 사람의 실수도 없어야 하지.) 사람의 무관심과 안전 불감증, 혹은 원자력발전소를 이용해서 돈을 벌려는 욕심 때문에 원자력발전소를 위험에 빠뜨리는 행동은 절대 있어서는 안 돼.

현재까지 우리나라에서 INES 기준으로 4등급 이상의 '사고'는 없었어. 하지만 언제라도 우리나라 원자력발전소에서 생긴 689건의 '고장'이 사고가 될 수도 있을 거야. 원자력발전소에서 일어나는 단 1건의 '사고'도, 그 엄청난 위험성을 기준으로 보면, 이미 너무나 크고 무서운 사고가 될 수 있으니까 말이야.

《참고》 국제 원자력 사고 · 고장 등급(INES)

- 0등급: 아무 일 없는 평상시를 말한다.
- 1등급: 뭔가 이례적인 사건이 터졌지만 아직은 큰 문제가 안 되는 정도를 일컫는다.
- 2등급: 뭔가 문제가 생겼다. 점점 심각해지는 상황.
- 3등급: 중대한 이상이다. 1명 이상이 방사능에 피폭당한 경우를 말한다.
- 4등급: 시설 내의 위험을 수반한 사고이며, 1명 이상이 방사능 피폭으로 사망했다. 아주 약간의 방사능이 주변 지역으로 새나갔으며, 이때부터 주변 지역에 대한 경고가 내려진다.
- 5등급: 시설 바깥으로 위험이 예상되는 수준으로, 방사능이 외부로 유출되어 피난을 시켜야 하는 상황, 원자로 격벽의 일부가 파손된 상황이다. 5등급부터 원자로가 녹고 방사성물질이 퍼지는 단계이다.
- 6등급: 대형 사고로 방사성 물질이 외부로 대량 누출되었다. 사고 지점에서 신속하게 대피하지 않으면 죽는다.
- 7등급: 심각한 사고. 광범위한 지역에 방사성물질이 누출되어 엄청난 재앙이 일어난다.

수염왕의 원자력 노트

원자력발전소는 사람의 실수든, 자연재해 때문이든 사고가 날 수 있다. 단 한 번이라도 원자력발전소에서 사고가 나면, 그 피해는 상상할 수 없을 만큼 크고 무섭고 오랫동안 계속된다.

(지금까지 원자력발전소에서 사고가 난 나라는 미국, 러시아, 일본이야. 다 원자력발전소가 많은 나라라고.)

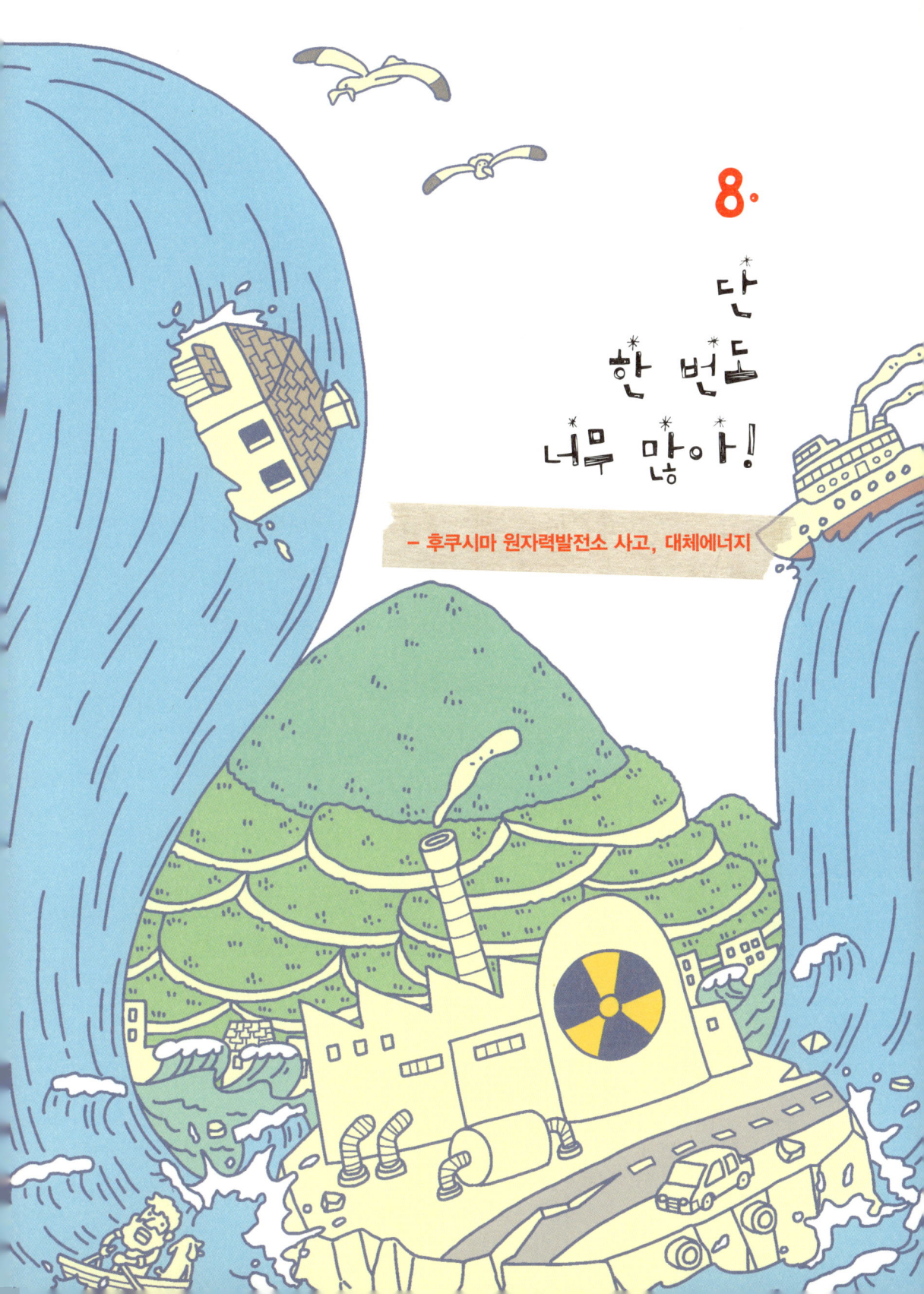

수염왕과 일잘해 부장이 숨이 턱에 차도록 달려서 왕수염 회사 건물에 도착했어. 〈왕수염 식품 회사〉라 적힌 커다란 회사 간판이 한쪽만 건물에 걸려서 공중에서 대롱대롱 흔들리고 있었어. 건물 안으로 들어가자, 직원들이 어지럽혀진 사무실을 정리하고 있었지. 모두 침울한 표정으로 말이 없었어.

"당장 그만둬. 당장 집으로 가서 쉬라고. 안전한 집으로 가란 말이야."

수염왕이 직원들을 향해 소리 질렀어. 직원들에게 미안한 마음이 오히려 화를 내는 것으로 표현이 되었지 뭐야. 직원은 대부분 퇴근하고 회사임원들만 수염왕의 사무실에 모여서 지진 속보를 들었어.

속보에서 들려준 내용은 이래.

꼬불꼬불나라의 원자력발전소는 커다란 암반 위에 지었기 때문에 주위의 땅보다는 지진에 덜 흔들린다. 하지만 발전소는 비상이 걸렸고, 전 직원이 원자력발전소로 출근해서 만약에 있을지도 모르는 사고를 예방하고 있다. 우라늄이 핵분열을 하며 엄청난 열에너지와 방사선을 내뿜고 있는 원자로에도 제어봉을 다 넣어서 우라늄이 핵분열하는 것을 정지시켰다. 사람들이 가장 걱정했던, 방사성물질이 발전소 밖으로 빠져나오는 사고는 일어나지 않았다. 발전소 직원들은 지금도 발전소에 이상이 생기지 않게 모든 시설을 다시 점검하고 있다.

"드디어 지진이 멈췄나 봅니다. 이제야 안심입니다."

일잘해 부장이 의자에 털썩 주저앉으며 말했어. 부장은 지진 소식을 듣고 놀라서 회사까지 달려왔어. 이제 겨우 한시름 놓자, 긴장이 풀리면서 피곤이 몰려왔어.

"지진이 났을 때는 '정말 이러다 죽는구나!' 했어요. 하지만 나라도 정신을 차려서 직원들을 안전하게 보호해야 한다는 책임감이 솟았지요. 그래서 바로 라디오를 켜고 지진 속보를 들으며 직원들에게는 당장 책상 밑으로 몸을 숨기라고 했어요."

오꼼꼼 이사가 수건으로 안경을 닦으며 말했어. 안경에는 뿌옇게 먼지가 끼었어. 지진이 나자 회사에 남아 있던 직원들을 급하게 대피시키느라 안경을 닦을 시간도 없었거든.

"저도 직원들에게 유리창이나 책장 근처를 피하라고 소리를 질렀어요. 그리고 얼른 사무실 문을 다 열어 두었습니다. 피신해야 할 때, 문이 지진으로 뒤틀려서 열리지 않으면 큰일이니까요."

태평해 부장이 벌컥벌컥 물을 들이켜고 말했어. 태어나서 처음으로, 가슴을 졸이며 이리저리 뛰어다닌 터라 입이 바짝바짝 말랐어.

"우리 꼬불꼬불나라에서는 지진이 일어나지 않는데 말입니다. 98년만의 지진이라고 합니다."

태평해 부장의 말에 오꼼꼼 이사가 기다렸다는 듯이 이어서 말했어.

"그래도 일어났잖아요. 몇 년 만에 지진이 일어났는지는 중요하지 않아요. 지진이 일어났고 그것도 원자력발전소가 있는 곳에서 지진이 일어났다는 것이 중요하죠, 그렇죠?"

"물론 원자력발전소가 있는 곳에서 지진이 일어난 점도 중요하지만, 더욱 중요한 것은 우리 나라의 원자력발전소가 지진을 잘

견뎌냈다는 것 아닐까요?"

태평해 부장이 말했어.

"원자력발전소 근처로 회사를 옮기고, 원자력발전소를 지으라고 회사 땅을 팔았을 때만 해도, 설마 우리 나라에서 원자력발전소 사고가 날까 했었어. 그런데 오늘 원자력발전소 근처에서 지진이 나고 보니, 정말 두려웠네."

수염왕이 솔직하게 말했어. 잘난 척으로는 세상에서 둘째가라면 서러워할 만큼 자신감으로 똘똘 뭉친 수염왕이 '두려웠다'고 말하자, 다들 놀라서 아무 말도 하지 못했어.

"그래. 이런 일을 겪는 것은 한 번도 많아. 두 번은 절대 안 된다고. 또 다시 이런 일이 생긴다면 내 심장이 터질지도 몰라."

수염왕이 가슴을 쓸어내리며 한숨을 쉬었어.

수염왕과 같이 모인 사람들은, 저마다 오늘 하루 동안 있었던 일들을 떠올려 보았어.

"속을 너무 끓였더니 답답해. 모두 옥상에 올라가서 시원한 바람이나 쐬자고."

수염왕의 말에 다들 옥상으로 올라갔어.

수염왕의 회사 건물은 원자력발전소보다 더 높은 언덕에 있어서, 원자력발전소 전체를 내려다 볼 수 있었어.

"저렇게 원자력발전소가 끄떡없는 모습을 보니, 든든합니다. 허허."

태평해 부장이 원자력발전소를 내려다보며 웃었어. 지진이 시작된 뒤로 처음으로 웃어 보는 거였지.

"이제 지진도 멈추고, 우리 회사도 별다른 사고 없이 무사하니 정말 다행입니다."

일잘해 부장도 얼굴에 가득 웃음을 지으며 말했지.

"이제야 겨우 안심이에요. 바람도 시원하고, 기분, 좋아요!"

평소에는 잘 웃지 않는 오꼼꼼 이사까지 환하게 웃었어.

"설마 우리 꼬불꼬불나라의 원자력발전소가 이까짓 지진에 무너질 만큼 허술하겠습니까? 저는 전혀, 아무런 걱정도 하지 않았습니다."

태평해 부장의 말에 오꼼꼼 이사가 말했어.

"나 원 참. 아까 지진이 났을 때는, 원자력발전소 때문에 우리는 다 죽은 목숨이라며 울고불고 난리를 쳤잖아요?"

"허허허, 그런 민망한 일은 얼른 잊어 주세요. 저는 평소대로 다

시 태평한 마음으로 되돌아왔으니까요, 태평~!"

"좋아, 좋아, 우리 모두 태평~해지자고!"

"오호호호."

"하하하하하."

태평해 부장의 말에 다들 웃음을 터트렸어.

그때였어.

"저, 저, 저것 좀 보세요."

태평해 부장이 놀라서 두 눈을 부릅뜬 채, 원자력발전소 뒤로 펼쳐진 바다를 가리켰어.

모두 바다를 쳐다보았어. 저 멀리 하얀 거품을 띠처럼 두르고 거대한 파도가 원자력발전소가 있는 절벽을 향해 달려들고 있었어. 파도가 너무나 높고 커서, 마치 번쩍이는 검푸른 벽이 원자력발전소를 둘러싸는 것처럼 보였지.

"해, 해, 해일이에요. 해일이요! 얼른 건물 안으로 들어가야 해요."

오꼼꼼 이사의 말에 다들 허둥지둥 회사 안으로 달려갔어.

해일은 왕수염 회사가 있는 언덕까지 몰려들어 왔어. 해일에 맞은 유리창이 깨지고, 건물 안으로 바닷물이 사정없이 밀려들었

어. 그나마 다행인 건, 건물 전체가 해일에 휩쓸리지는 않았다는 거야.

회사에 남은 직원들은 모두 건물 꼭대기 층에 모여, 라디오로 다시 지진 속보를 들었어. 땅에서는 지진이 멈췄지만, 지진으로 생긴 거대한 해일은 육지로 달려오고 있었던 거야.

텔레비전의 케이블에 문제가 생겼는지 텔레비전은 나오지 않았고, 곧 전기도 끊어졌어. 수도도 끊어져서 물이 나오지 않았지.

수염왕은 저절로 손이 덜덜 떨렸어. 불 꺼진 어둠 속에 앉아, 깊이를 짐작할 수도 없는 거대한 해일을 마주하니 떨림이 멈추지를 않았지. 겨우 두 손을 꽉 마주 잡아 떨림을 멈추려고 했지만 소용없었어.

수염왕은 발전소를 덮치는 해일을 보며, 사람의 힘이 얼마나 보잘것없는지, 사람이 거대한 자연 앞에서, 단지 사람의 노력만으로 안전을 자신할 수 있는지를 생각하게 되었어. 자연이 허락하는 범위에서만 사람은 안전한 것이 아닐까, 사람은 자연을 다 정복한 양 착각하고 있는 건 아닐까 싶었지. 최고의 과학기술과 장비로 만든 원자력발전소였지만 해일에 파묻힌 원자력발전소는 작은 장난감처럼 보잘것없고 약해 보였거든.

"이건 아니야. 더 안전한 방법을 찾아야 해. 나와 우리 회사 직원들을 위해서도 그렇고 꼬불꼬불나라의 모든 사람을 위해서도 꼭, 더 안전한 방법으로 전기를 만들 방법을 찾아야 해. 그래, 결심했어."

수염왕은 두 주먹을 꽉 쥐었어. 한때 이 나라의 왕이었던 책임감, 함께 사는 사람들에 대한 애정이 가슴 속 깊은 곳에서 솟아올랐어.

꼬불꼬불나라의 원자력발전소는 무사했을까요? 걱정이네요. 그런데 실제로 체르노빌 원자력발전소 사고는 오래전 일이잖아요. 그동안 기술이 많이 발전해서, 더 이상은 원자력발전소 사고가 안 생긴 것 아닌가요?

안타깝지만, 지금까지 원자력발전소에서 일어난 사고 중 가장 심각한 사고가 바로 우리 곁에서 일어났단다. 그것도 최근에 말이야. 2011년 일본의 후쿠시마 제1 원자력발전소가 폭발한 사고야. 이야기 속에서 꼬불꼬불나라의 원자력발전소 이야기는 후쿠시마 원자력발전소 사고를 참고해서 쓴 거야.

일본에 진도 9의 큰 지진이 일어났어. 진도 9의 지진은 사람이 움직이지도 못할 만큼 심하게 땅이 흔들리는 정도야. 벽이 갈라지고 지하에 있는 수도관이나 케이블 등의 시설이 휘어지고 끊어지는 일이 생기기도 해.

일본은 세계에서 4번째로 원자력발전소가 많은 원자력 기술 강국이야. 지진이 일어나자 원자력발전소는 안전을 위해서 자동으로 원자로 1~3호기가 바로 정지되었어. 지진으로 밖에서 들어오는 전기는 끊겼지만, 자동으로 발전소의 비상발전기가 전기를 만들면서 발전소는 다시 아무 이상 없이 잘 운영되고 있었어.

그런데 15m나 되는 지진해일이 발전소를 덮치면서 비상발전기가 멈춘 거야. 엄청나게 뜨거운 원자로를 물로 식혀야 하는데, 전기가 끊겨서 펌프가 멈춰 버리니 물을 더는 공급할 수가 없게 되었지. 원자로 안에서 핵분열을 하는 우라늄 막대(노심)는 1,200°C까지 온도가 올라갔고, 원자로를 보호하는 벽들까지 녹아 버렸지. 원자로 안에 있던 물질이 퍼지면서 그 속에 있던 질코늄이란 물질이 만들어 낸 수소가 폭발해 버렸어. 이 수소 폭발로 방사성물질이 원자력발전소 밖으로 퍼졌지. 그사이에도 원자로 안의 온도는 올라가서 2,800°C까지 올라갔고 우라늄 막대(노심)가 녹기 시작하면서 방사성물질을 쏟아내었어.

후쿠시마 원자력발전소 사고는 체르노빌 원자력발전소 사고와 함께, INES 사고 등급 7단계인 최악의 사고야. 방사성물질은 빗물과 원자로 밑을 흐르는 지하수에 섞여서 바다로 계속 흘러 들어가고 있어. 공기, 흙도 오염이 되었지.

일본 정부는 그 지역 주민들을 피난시켰고, 방사성물질을 피해 일본을 탈출하는 사람도 많았어. 후쿠시마 원자력발전소 사고는 체르노빌 원자력발전소와 같은 7등급의 사고였지만, 훨씬 더 위험한 사고일 수 있어. 체르노빌에서 폭발한 원자로는 1개였지만 후쿠시마에서 폭발한 원자로는 그 7배라고 하니까. 더구나 일본은 우리나라와 아주 가깝고 후쿠시마 원자력발전소에서 흘러나온 방사능에 오염된 물이 우리나라의 바다까지 오염시킬 수 있어. 30여 년이나 지난 지금도 체르노빌에서 퍼진 방사성물질로 고통받는 사람이 있어. 일본 후쿠시마 원자력발전소가 사람들에게 얼마나 오랫동안 고통을 줄지는, 누구도 짐작할 수도 없어.

일본에서 단 1건의 원자력발전소 사고가 발생했지만, 그 사고로 방사성물질에 오염된 지역은 우리나라보다 훨씬 넓어. 그 사실을 미루어 보면, 만약 우리나라에서 원자력발전소 사고가 발생한다면 우리나라는 나라 전체가 방사성물질에 오염될 수 있는 거야.

일본 후쿠시마 원자력발전소 사고에 대해 알게 되니 원자력이 너무 무서워요. 원자력발전은 꼭 해야 하나요?

원자력 강국인 일본에서 일어난 원자력 사고는 전 세계 사람을 경악시켰어. 당장 원자력발전소를 없애야 한다는 주장이 높아졌지. 특히 중국, 우리나라와 함께 가장 적극적으로 원자력발전소를 짓고 사용했던 일본

제주도에 있는 신창풍력발전 단지

이 50여 개나 되는 원자력발전소를 대부분 정지시키고 단 몇 개만 운영하고 있어. 후쿠시마 발전소 사고 이전부터 원자력발전소를 줄이고 있던 유럽의 여러 나라, 특히 독일은 모든 원자력발전소를 단계적으로 닫겠다고 밝혔어. 스위스, 덴마크, 영국, 미국 등에서도 원자력발전소에 대한 반대 의견이 높아지고 있지.

한편에서는 원자력을 대신해서 위험하지 않고, 계속해서 사용할 수 있는 새로운 에너지(신재생에너지)를 개발하려는 노력이 계속되고 있어. 원자력을 대체할 에너지원으로는 태양, 바람, 밀물과 썰물처럼 자연에서 에너지를 만들 수 있어. 건물 지붕에 전지판을 놓아서 태양열을 모아

일본의 태양열 전지판

전기를 만들 수 있어. 바람으로 풍차처럼 생긴 풍력발전기를 돌려서 전기를 만들지. 우리나라는 1975년에 경기도 황성군에 풍력발전기를 설치한 이후로 적합한 곳을 풍력발전 단지로 개발해서 전기를 만들고 있어. 바닷물로 전기를 만드는 조력발전과 아래로 떨어지는 물을 이용한 수력발전도 있지.

쓰레기와 가축의 똥으로 전기를 만들 수도 있어. 이런 에너지를 바이오에너지 혹은 생체에너지라고 불러. 녹색에너지라고도 부르지. 바이오에너지는 농작물, 가축의 똥, 나무 등에서 에너지를 얻는 거야. 동식물, 가축의 똥이나 쓰레기는 발효되면 가스가 생겨. 방귀에도 가스가 있지.

독일 프라이브르크의 집마다 설치된 태양열 전지판

이 가스로 전기를 만들 수 있어. 콩, 옥수수, 사탕수수, 고구마, 유채꽃 등의 식물에서 휘발유를 뽑아서 사용하기도 해. 목탄, 석탄에서 나오는 가스로 차를 움직이기도 하지.

하지만 현재는 재생에너지로 사람이 사용하기 충분한 에너지를 만들 수는 없는 상황이야. 환경을 오염시키는 석유·석탄 같은 화석연료와 위험을 안고 있는 원자력보다 더 비싸고, 얻을 수 있는 에너지양도 적지. 그래서 이런 깨끗하고 여러 번 사용할 수도 있는 새로운 에너지를 개발하려는 노력은 계속되고 있어.

수염왕의 원자력 노트

우리가 지금까지 사용한 화석연료와 원자력을 대신할 대체에너지 자원이 필요하다.
안전하고, 공해를 만들지 않고, 여러 번 사용할 수도 있어야 한다.
(가축의 방귀를 모아 전기를 만들 수 있다고? 그럼, 혹시 내 방귀도 에너지로 바꿀 수 있나?)